SECS AC ATI

Y stori'n llawn

Gofod saff i drafod sut i fyw efo rhyw

Cyhoeddwyd gan Rily Publications Ltd. 2022

Blwch Post 257, Caerffili, CF83 9FL

Hawlfraint yr addasiad © Rily Publications Ltd 2022

Addasiad: Llio Elain Maddocks

www.rily.co.uk

Cyhoeddwyd gyntaf yn y DU yn 2021 dan y teitl *Sex Eduacation a guide to life* gan Wren & Rook, cwmni Hachette UK, argraffnod o Hachette Children's Group, rhan o Hodder & Stoughton, Carmelite House, 50 Victoria Embankment, London EC4Y 0DZ

SESXEDUCATION TM/© Netflix 2021. Trwy ganiatad.

Hawlfraint y darluniau © Fionna Fernandes, 2021

Lluniau ychwanegol o Shutterstock

Roedd y cyfeiriadau gwefan (URLs) a gynhwysir yn y llyfr hwn yn ddilys ar adeg mynd i'r wasg. Fodd bynnag, mae'n bosibl bod cynnwys neu gyfeiriadau wedi newid ers cyhoeddi'r llyfr hwn. Ni all yr awdur na'r cyhoeddwr dderbyn unrhyw gyfrifoldeb am unrhyw newidiadau o'r fath.

Mae'r cyhoeddwr yn cydnabod cefnogaeth ariannol Cyngor Llyfrau Cymru.

ISBN 978-1- 80416-292-7

Argraffwyd yng Nghymru gan Pensord.

CYMYSGEDD
Papur | Cefnogi coedwigo cyfrifol
FSC® C004116

Ysgrifennwyd gan Jordan Paramor. Mae'r llyfr hwn wedi ei wirio gan arbenigwyr, therapyddion rhyw, a darllenwyr sensitifrwydd a chynhwysiant, gan gynnwys y doctor a'r awdur, Dr Max Pemberton; yr addysgwr rhyw cofrestredig a'r Doethur mewn Addysg, Dr Nadine Thornhill; a'r ymarferwr iechyd meddwl, addysgwr a hwylyswr SRE, Charlie Hart

SECS AC ATI

Y stori'n llawn

Gofod saff i drafod sut i fyw efo rhyw

Rhagair gan Laurie Nunn, crëwr y gyfres
Addasiad Llio Elain Maddocks

RILY

CYNNWYS

CROESO I

MOORDALE SECONDARY

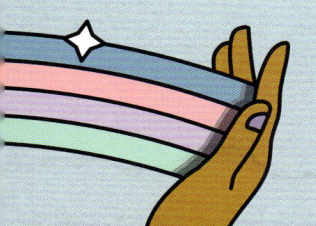

RHAGAIR

Roedd fy nghyfnod yn yr ysgol uwchradd yn un chwithig dros ben. Ro'n i'n un deg chwech mlwydd oed, roedd fy ngheg yn llawn *braces* arian, ro'n i'n gwisgo sbectol pot jam, ac roedd gen i *backne* (acne ar hyd fy nghefn). Heb anghofio fy obsesiwn efo sioeau cerdd a sgwennu *fan-fiction* Lord of the Rings, doedd gen i ddim siawns o ffitio mewn! Fel nifer o *nerds* ifanc eraill, wnes i droi at ffilmiau a rhaglenni teledu fel ffordd o ddianc fy realiti. Ro'n i'n byw fy mywyd drwy'r cymeriadau ifanc yn *Dawson's Creek*, *The OC*, a *Ten Things I Hate About You*. Roedd eu gwylio'n gwneud ffrindiau, yn disgyn mewn cariad ac yn cysgu efo'i gilydd yn gwneud i mi deimlo'n llai unig. Yn y byd ffilm a theledu, mae'r arwr bob amser yn cael y gorau ar y bwlis yn y diwedd, mae'r *geeks* yn ennill ac mae'r merched anweledig yn ffeindio bachgen eu breuddwydion bob tro. Fi oedd y ferch oedd byth yn cael ei gwahodd i bartis, na'i dewis i fod ar y tîm pêl-fasged, a doedd neb eisiau fy nghusanu, ond roedd gen i gwmni yn y cymeriadau yma.

Dwi'n dal i garu'r *genre* yma, hyd yn oed fel oedolyn. Pan dwi'n teimlo'n isel, fe wna i wylio *teen rom-com* o'r 90au ac fe fydda i'n teimlo'n well yn syth. Felly, pan ges i'r cyfle i sgwennu rhaglen deledu, ro'n i'n gwybod yn syth 'mod i am greu byd i bobl ifanc, ac roedd *Sex Education* yn ffordd berffaith i fy ysbryd anweledig, 16 oed gael hedfan yn rhydd! Ro'n i am greu rhaglen sy'n teimlo'n gynnes, yn llawn calon, lle mae cymeriadau'n garedig i'w gilydd, a lle mae dangos gwendidau yn gryfder. Ro'n i hefyd am i'r gyfres fod yn sbardun am gyfathrebu gwell, ac yn gymorth i bawb sydd wedi cael gwersi Addysg Rhyw diflas a diffygiol yn yr ysgol.

SECS CYNGOR AM DDIM

Dwi'n cofio teimlo'n llawn ofn a chywilydd wrth ddysgu am secs a pherthynas yn yr ysgol uwchradd. Y brif neges oedd y dylen ni fod ofn secs, ac y byddwn i'n siŵr o ddal STI neu'n waeth fyth, cael babi o gysgu efo rhywun. Ches i ddim gwybodaeth o gwbl am fy nghorff, fy rhywioldeb, fy nyheadau na fy mhenderfyniadau fel merch ifanc, ac roedd hyd yn oed llai o wybodaeth ar gael i bobl â hunaniaeth wahanol i mi. Yn anffodus, dyma yw'r norm mewn Addysg Rhyw, ac mae'n siomi nifer o bobl, yn emosiynol ac yn gorfforol. A dyna pam dwi mor falch o weld ymateb pobl ifanc i'r gyfres wrth iddyn nhw ddysgu pwysigrwydd trafod cydsyniad rhywiol, positifrwydd y corff, materion LHDT+ a phleser merched.

Ond mae 'na lu o gwestiynau'n dal i fod, mwy na all y gyfres eu hateb. A dyna pam ro'n i mor gyffrous i glywed am *Secs ac Ati: y Stori'n Llawn*. Dyma'r math o lyfr ro'n i ei angen pan o'n i'n 16 mlwydd oed ac yn chwilio am gyngor gonest, craff ac agored. Mae'r llyfr yma'n help i ti ddod o hyd i dy lwybr dy hun drwy'r byd o secs. Mae pob pennod wedi'i sgwennu gyda help criw o addysgwyr rhyw anhygoel a hollgynhwysol, i drafod popeth o dor calon i flew corff. Ac wrth gwrs, mae 'na gyngor gan rai o ddisgyblion Moordale ar hyd y daith. Fel y gyfres, mae'r llyfr yn dathlu bod bywyd yn gymhleth, yn flêr ac yn wahanol i bawb, ac mae'n annog pobl i siarad am y pethau cymhleth er mwyn i ni allu eu datrys gyda'n gilydd. Os wyt ti'n *nerd*, yn anweledig, neu jest ddim yn ffitio i mewn, dwi'n gobeithio y byddi di'n dysgu rhywbeth bach o'r llyfr yma, ac y byddi di'n teimlo'n llai unig yn ein cwmni.

Laurie Nunn, crëwr y gyfres

GAWN NI SIARAD AM SECS?

Croeso mawr i ti,

Wyt ti wedi drysu'n lân am secs? Oes gen ti restr hir o gwestiynau yr hoffet ti eu holi – cwestiynau dwyt ti erioed wedi gallu eu holi, am hunaniaeth, iechyd meddwl, a hapusrwydd? Wel, dwyt ti ddim ar ben dy hun – jest hola ddisgyblion Ysgol Moordale!

Mae cymaint o wybodaeth ddryslyd ac anghywir yn hedfan o gwmpas, ac mae'n anodd gwybod beth i'w goelio. Mae diffyg gwybodaeth yn gallu arwain at deimlo pryder neu gywilydd. Yn enwedig pan mae'r pwnc yn un mor *embarrassing* â secs. Ond y gwir yw, does dim rhaid teimlo embaras na chywilydd – mae secs yn gwbl naturiol, ac mae'n bwysig siarad amdano er mwyn cadw'n iach, yn feddyliol ac yn gorfforol.

Mae lot o gyngor am secs yn hen ffasiwn, neu ddim yn adlewyrchu'r sbectrwm anferthol o brofiadau personol. Mae disgyblion Moordale yn gwybod hyn o brofiad (mae eu dosbarth ABACh yn yr ysgol yn jôc!) ac maen nhw wedi bod yn ymbil am gael gwersi mwy modern a pherthnasol am secs. Mae'r llyfr yma, gobeithio, yn ateb eu holl gwestiynau, a mwy.

Ar ben hynny, mae'n gallu bod yn anodd trafod secs yn yr iaith Gymraeg. Weithiau mae hi'n anodd ffeindio'r gair cywir, neu mae'r termau'n teimlo'n annaturiol. Ond mae'r llawlyfr yma i dy helpu di ffeindio'r geiriau ar gyfer pob sefyllfa bosib, a gwneud i ti deimlo'n fwy cyffforddus wrth drafod rhyw.

Dyma lyfr fydd yn dy arwain drwy holl gorneli bywyd wrth i ti ddelio gyda secs, cariad a rhamant. Mae'n gynhwysol, ac mae'n edrych ar y sbectrwm cyfan o brofiadau – achos mae profiadau pawb yn wahanol.

Mae gan bawb yr hawl i wybodaeth, ac felly mae doctor a dau addysgwr rhyw wedi gweithio ar y llyfr hwn er mwyn rhoi pob arf i ti allu datblygu perthynas iach efo secs, dy gorff a dy emosiynau, a darganfod be sy'n iawn i ti.

Felly pam wyt ti dal yma? Dos amdani, tro'r dudalen, i ni gael dechrau dysgu, siarad, neu weiddi am

s-e-c-s!

Ola

Lily

Eric

Aimee

Adam

Jackson

Otis

Maeve

Ruby

Anwar & Olivia

AMSER **ADRODDIAD**

Mae rhywun wedi dod o hyd i adroddiadau ysgol y disgyblion. Beth mae'r Pennaeth newydd, Hope, yn ei feddwl o Otis a'i ffrindiau, tybed?

ADRODDIADAU YSGOL: CYFRINACHOL

Y *NERD*: **OTIS MILBURN**

- ⊗ Wedi rhedeg clinig rhyw, gan honni ei fod yn helpu pawb. Ond beth oedd gwir bwrpas y clinig — busnesu ym mywyd rhywiol pawb arall?
- ⊗ Roedd o'n arfer bod yn anweledig nes iddo ddechrau'r clinig rhyw, a chael pawb yn yr ysgol i drafod nonsens am eu corff.

YR ATHLETWR WEDI DRYSU: **JACKSON MARCHETTI**

- ⊗ Cyn-brif ddisgybl, *poster boy* yr ysgol nes iddo fynd oddi ar y rêls ar ôl 'dod o hyd i'w hun'.
- ⊗ Sensitif ond call. Falle bod modd ei lywio yn ôl ar y llwybr cywir?

YR UN OD: **LILY IGLEHART**

- ⊗ Coelio mewn pobl o blaned arall, pen yn y cymylau (neu'r planedau?).
- ⊗ Y brêns tu ôl i'r sioe ysgol *Romeo and Juliet*. Hollol amhriodol!

Y DWPSEN: **AIMEE GIBBS**

- ✗ Annwyl ond penysgafn – ddim y disgybl mwyaf academaidd
- ✗ Wedi cael profiad erchyll o ymosodiad rhywiol ar y bws, felly angen cefnogaeth ychwanegol o bosib.
  O.N. Paid derbyn unrhyw gacennau ganddi.

Y FFRIND DA: **ERIC EFFIONG**

- ✗ Wastad yn hapus, ac mae pawb yn ei hoffi.
- ✗ Angen canolbwyntio mwy ar ei waith cwrs, a llai ar ei fywyd rhamantus a'i ddillad ffasiynol.

YR UN BENIOG: **VIVIENNE ODESANYA**

- ✗ Mae hon yn beryg o glyfar. Gwthio ei hun, ac yn benderfynol iawn.
- ✗ Canolbwyntio ar ei nod, ond ddim yn hyderus.

YR UN AFLONYDD: **ADAM GROFF**

- ✗ Mab y cyn-bennaeth, Mr Groff
- ✗ Cael pyliau o wylltio, lle mae'n anodd delio gyda fo.
- ✗ Mae'n dweud ei fod o eisiau dod 'nôl i'r ysgol. Gawn ni weld pa mor hir fydd hyn yn para.

YR UN HOLGAR: **OLA NYMAN**

- ✗ Yn blwmp, yn blaen ac i'r pwynt. Agored i brofiadau newydd – e.e. ei pherthynas efo Lily.
- ✗ Mae hi'n gall ac yn gweithio'n galed, ond yn cael trafferth setlo i'w sefyllfa newydd gartre. Angen cefnogaeth ychwanegol o bosib.

Y RHAI POBLOGAIDD: ANWAR BAKSHI, OLIVIA ANAND, RUBY MATTHEWS

- Mae'r tri yma'n dod fel un pecyn — Ruby sy'n arwain, a'r ddau arall yn ei dilyn.
- Disgyblion mwyaf poblogaidd yr ysgol, yn meddwl eu bod nhw'n well na phawb ac uwchlaw'r rheolau.
- Gall perthynas gyfrinachol Ruby ac Otis effeithio ar ddeinameg y criw — rhaid cadw llygad ar y sefyllfa.

YR UN SY'N MALIO DIM: MAEVE WILEY

- Mae hi'n ymddangos yn oeraidd ac yn anghyfeillgar ar brydiau, fel petai hi ddim angen unrhyw un nac unrhyw beth.
- Hynod o glyfar, ac mi aiff yn bell os wnaiff hi aros ar y llwybr cywir. Ai Maeve fydd y Prif Weinidog cyntaf o Moordale?

YR UN DIFLEWYN-AR-DAFOD: CAL BOWMAN

- Eisiau defnyddio'r rhagenw 'nhw'. Aelod o'r criw o *skaters* yn Moordale.
- Er trio a thrio, mae Cal yn gwrthod dilyn rheolau'r wisg ysgol. Potensial i greu trafferth.

YR UN CŴL: RAHIM HARRAK

- Gallu ymddangos yn swta ac yn bwdlyd.
- Wastad yn darllen barddoniaeth, ond byddai'n braf ei weld yn gwenu weithiau.

PAM FOD FFRINDIAU'N BWYSIG?

Mae ffrindiau da yn amhrisiadwy. Mae gwybod fod gen ti griw da o bobl o dy gwmpas yn gallu gwneud byd o wahaniaeth, i rannu problemau, profiadau a gallu pwyso arnyn nhw pan fydd pethau'n anodd.

Weithiau mae ffrind yn ein bywyd am amser byr, ac weithiau maen nhw gyda ni am byth. Fel mae pobl yn tyfu ac yn newid, mae'n naturiol bod ein perthynas gyda'n ffrindiau yn newid hefyd. Falle byddi di'n colli cysylltiad ag ambell ffrind a byth yn ei ailgynnau, a falle bydd rhai ffrindiau yn dod yn ôl i dy fywyd ar ôl misoedd neu flynyddoedd, ac mae popeth yn disgyn yn ôl i'w le.

Mae adeiladu perthynas gref gyda ffrind yn cymryd amser ac ymdrech, ac weithiau mae 'na fryniau a phantiau i'w troedio. Y peth pwysig i'w gofio yw cyfathrebu.

BE SY'N GWNEUD FFRIND DA?

Nid faint o ffrindiau sydd gen ti sy'n bwysig, ond sut rai ydyn nhw. Mae ffrind da yno i dy gefnogi, i wella dy fywyd ac i wneud i ti deimlo'n wych. Maen nhw'n hwyl, yn barod am antur, neu am noson hwyr o rannu cyfrinachau a chyngor..

Y peth gorau am ffrind da yw eu bod nhw wastad yno yn barod i dy helpu drwy'r holl amseroedd caled. Maen nhw'n dweud y gwir (ond heb dy frifo), yn gefnogol (ond yn onest os oes gen ti rywbeth gwyrdd rhwng dy ddannedd!) ac yn dy helpu i ddarganfod dy hun.

Weithiau byddi di'n dod o hyd i ffrind mewn lle annisgwyl. Does dim angen bod â llwyth o bethau'n gyffredin efo ffrind. Falle bod dy fêt yn gwrando ar Slipknot a tithau'n gwrando ar Taylor Swift, ac mae hynny'n ocê. Mae cyfeillgarwch yn fwy na rhannu'r un diddordebau; y cysylltiad sy'n bwysig, gallu chwerthin gyda'ch gilydd, ac yn bwysicach fyth, gallu trystio eich gilydd.

Pan wnes i ddechrau gweithio yn y siop efo Adam, roedd o'n actio'n tyff ond ro'n i'n teimlo bod mwy i'w bersonoliaeth o. Ro'n i eisiau dod i'w nabod o'n well. Er nad oedd gennym ni lot yn gyffredin ar y dechrau, ro'n i'n glên efo fo, ac mi wnaeth o ddechrau fy nhrystio i ac agor i fyny. Wnes i sylwi mai un sioe fawr oedd ei wyneb tyff, a go iawn, roedd o'n reit drist a dihyder. Drwy wrando arno fo pan oedd o'n unig, ges i ffrind hyfryd, newydd. A wnes i sylwi ein bod ni'n dau yn rhannu lot o'r un diddordebau wedi'r cyfan!

OLA

Does dim rhaid i ti fod yn sownd wrth ochr dy ffrind drwy'r amser. Nid faint o oriau dach chi'n eu treulio efo'ch gilydd sy'n bwysig. Weithiau fe wnei di deimlo cysylltiad cryf efo rhywun heb sylwi eu bod nhw'n ffrind. Be sy'n bwysig yw bod yno pan maen nhw dy angen di.

Fi wastad wedi bod yn hapus yn bod yn fi fy hun, er 'mod i'n wahanol i bawb arall. Fi erioed wedi teimlo'r angen i newid er mwyn ffito mewn. Ond ar ôl popeth gyda Hope a'r ysgol, wnes i ddechre cwestiynu fy hun a cholli itha lot o hunanhyder. Yn sydyn iawn, wen i'n teimlo bod angen i fi stopo bod yn, wel, fi. Ac Otis helpodd fi i weld na ddylwn i byth orfod newid oherwydd pobl eraill. Wen i ac Otis ddim yn agos iawn, felly wnes i erioed feddwl fod e'n gallu fy helpu i fel hyn. Ond mae Otis yn gweud y gwir – do's dim angen bod gyda rhywun 24/7 i fod yn ffrindie.

LILY

> *Pan ti'n ifanc, ti'n meddwl fod pawb yn dy ddeall di. Ond go iawn, dim ond llond llaw sydd.*
> **REMI**

DWI'N **GEFN I TI**

Beth yw'r peth pwysicaf am fod yn ffrind? Bod yn gefn i dy fêt drwy'r amseroedd da, a'r rhai anodd, ac ymladd ar eu rhan nhw pan maen nhw dy angen di.

Mae bod yn gas yn hawdd heddiw, yn enwedig pan mae modd bod yn ddienw ar y we. Ond os wyt ti'n clywed rhywun yn bod yn gas neu'n gwneud hwyl am ben rhywun arall, **dwed rywbeth**. Mae'n hawdd anwybyddu sylwadau cas, yn enwedig os nad wyt ti eisiau cael dy dynnu i mewn i'r ffrae. Ond os ydi pobl yn gallu dweud pethau cas heb unrhyw ganlyniad, pryd fyddan nhw'n stopio? Os nad wyt ti'n teimlo'n saff yn dweud rhywbeth wyneb yn wyneb, yna beth am siarad efo dy athro, neu oedolyn rwyt ti'n eu trystio? Os ydi o'n digwydd ar y cyfryngau cymdeithasol, yna beth am reportio'r ymddygiad drwg?

Mae hyn yn bwysicach fyth wrth sôn am grwpiau lleiafrifol. Mae ymosodiadau ar bobl o liw, aelodau o'r gymuned LHDT+, pobl anabl neu unrhyw leiafrif arall yn digwydd yn gyson, ac yn aml maen nhw'n cael llai o gefnogaeth wrth roi gwybod i'r awdurdodau. Mae gan bawb rôl i'w chwarae, ac rwyt ti'n gallu gwneud pethau bach i helpu, fel amlygu pobl sy'n gwneud sylwadau sarhaus, neu gynnig help llaw i'r rheiny sydd ei angen. Mae pethau bach yn gallu gwneud gwahaniaeth mawr.

Dwi ac Otis yn mynd i wylio Hedwig and the Angry Inch *bob blwyddyn ar fy mhen-blwydd – 'dan ni'n gwisgo i fyny ac yn cael yr amser gorau. Ond 'leni, roedd o'n rhy brysur efo Vagina-gate, a wnaeth o anghofio amdana i. Ro'n i'n drist bod o wedi fy siomi, ond yn fwy na hynny, roedd o wedi fy ngadael i mewn sefyllfa beryglus. Wnaeth 'na rywun â meddwl cul iawn ymosod arna i achos 'mod i wedi gwisgo mewn drag, a wnes i golli fy hyder. Doedd Otis heb feddwl am fy niogelwch, a dyna oedd yn brifo fwya'.*
ERIC

FFRIND NEU **ELYN**

Dydi pob perthynas efo ffrind ddim yn iach. Ond be sy'n gwneud ffrind crap? Wel, lot o bethau, ond dyma rai o'r pethau mwyaf cyffredin:

- ✖ Bod yn angharedig
- ✖ Siarad amdanat tu ôl i dy gefn
- ✖ Rhoi eu teimladau nhw cyn dy rai di
- ✖ Dy fychanu o hyd
- ✖ Anghofio amdanat pan maen nhw'n cael cynnig gwell

Os yw rhywun yn dy drin di fel hyn, dydi o ddim yn ocê.
Ti'n haeddu gwell.

Paid â bod ofn gadael fynd os nad yw'r berthynas yn gweithio. Mae ffrindiau *toxic* yn gallu cael effaith ar dy iechyd meddwl (darllena bennod deg am ragor o wybodaeth), felly mae'n bwysig dy fod ti'n pellhau dy hun oddi wrth unrhyw berson sy'n cael effaith negyddol arnat ti. Wrth rhoi brêc ar berthynas *toxic*, rwyt ti hefyd yn gallu creu'r amser i rywun gwell sy'n dy haeddu di, ac sy'n mwynhau derbyn 50 fideo Tiktok o gathod bob dydd.

Mae'r dyhead i fod yn cŵl neu'n boblogaidd yn deimlad cyffredin, ond dydi hynny ddim yn rheswm i fod yn arwynebol neu i drin pobl yn wael. Wyt ti wir eisiau bod yn ffrindiau efo'r Merched Cas? Falle bod o'n teimlo fel syniad da ar y pryd (mae pawb eisiau bod ar yr *A-list*) ond coelia fi, fe wnei di flino ar yr holl ffraeo a bitsio tu ôl i gefn pobl yn reit gyflym.

Dwi'n difaru gyrru'r llun o fagina Ruby i bawb yn yr ysgol. Roedd hi wedi fy ngwthio i nes o'n i mor flin efo hi, ond does dim esgus am yrru lluniau personol heb ganiatâd. Roedd gen i ofn siarad efo hi, a ro'n i wedi gwylltio gymaint nes 'mod i'n meddwl mai dyma'r unig opsiwn. Ond rŵan dwi'n sylwi na ddylwn i frifo pobl er mwyn dangos fy nheimladau. Mae cyfathrebu yn lot gwell.
OLIVIA

Mae bod yn boblogaidd yn wahanol iawn i gael dy barchu. Mae rhai efo pobl o'u cwmpas o hyd am eu bod nhw'n chwaraewyr rygbi da, neu efo steil ffasiynol anhygoel, ond pan mae pethau'n mynd yn anodd maen nhw'n sylwi bod neb yno iddyn nhw go iawn. Ar ddiwedd y dydd, ti angen gwybod bod dy ffrindiau yno i ti, waeth beth sy'n digwydd, nid yn hongian o dy gwmpas am dy fod ti'n boblogaidd.

UN O'R **CRIW**

Paid â phoeni os wyt ti heb ffeindio dy griw eto. Dydi o ddim wastad yn hawdd gwneud ffrindiau, ac mae pawb yn teimlo'n unig weithiau. Mae rhai pobl yn cyfarfod eu BFFs yn yr ysgol gynradd, eraill yn dod ar eu traws ar-lein, a rhai ddim yn dod o hyd i'w ffrind gorau nes eu bod nhw'n lot hŷn. Bydd yn amyneddgar – mae pawb yn wahanol ac nid pawb sydd â chriw mawr o ffrindiau. Os wyt ti'n cael hi'n anodd gwneud ffrindiau, beth am geisio cysylltu efo pobl sydd â'r un diddordebau â ti, ar-lein neu wyneb yn wyneb?

Os oes gen ti griw o fêts da sydd wastad yn gefn i ti, yna grêt. Ond mae rhai pobl yn hapus efo dim ond un BFF hefyd. Drycha ar Maeve ac Aimee. Mae ganddyn nhw ddigon o ffrindiau, oes. Ond mewn argyfwng, maen nhw wastad yn barod i helpu ei gilydd, fel un deuawd perffaith.

BFFs!

20

MÊTS CYN **DÊTS**

Pan ti'n treulio lot o amser gyda dy ffrind(iau), rwyt ti'n siŵr o gyfarfod lot o bobl newydd, ac ella byddi di'n ffansïo ambell un. Felly, be sy'n digwydd pan wyt ti a dy BFF yn glafoerio dros yr un person, neu be os ti'n dechrau ffansïo *ex* dy ffrind?

Y peth cyntaf i'w wneud ydi cyfathrebu, a siarad efo'ch gilydd i roi trefn ar bopeth. Ambell gwestiwn i'w gofio yw:

Wyt ti'n teimlo dy fod ti'n cystadlu yn erbyn dy ffrind?

Os yw'r person yn trio eu lwc, sut fydd dy fêt yn teimlo?

Wyt ti'n siŵr na fydd hyn yn dod rhyngoch chi?

Fyddai pawb yn gallu cymdeithasu mewn un grŵp os yw pethau'n newid?

Sut fydd dy fêt yn teimlo ar ôl gweld chi'ch dau'n cusanu ar noson allan?

Yn y sefyllfa yma, mae'n rhaid i ti fod yn gwbl onest efo dy ffrind. Y peth pwysig yw gallu deud dy ddeud. Wrth gwrs, mae pawb eisiau i'w ffrind fod yn hapus, ond ydi hyn yn mynd i effeithio ar eich perthynas yn y dyfodol? Does dim pwynt ceisio cadw'r ddysgl yn wastad rŵan, a bod yn gandryll nes ymlaen.

Be os ti'n meddwl bo chdi'n cŵl am y sefyllfa, ond yna ti'n dechrau teimlo'n genfigennus? Ella mai teimlo cenfigen am golli dy ffrind i rywun arall wyt ti, neu ella bydd y teimladau'n pylu efo amser. Beth bynnag yw'r rheswm, y peth gorau i'w gofio yw cyfathrebu a siarad efo dy fêt.

> *Pwy sydd angen ffrind pan mae gen ti gariad?*
> **ERIC**

Mewn penbleth? Gwranda ar yr hen ddiarhebion yma:

Gens cyn Bachgens

Mêts cyn Dêts

Ofaris cyn Brofaris

Dongs cyn thongs

Bois cyn Lois
(os mai Lois ydi enw'r cariad...)

Y criw cyn rhyw

COFIO'R **GOFOD**

Does dim byd o'i le ar gael ambell i ffrae neu anghytuno efo dy ffrind. Weithiau, mae ffrindiau mor agos nes eu bod nhw'n teimlo fel rhan o'r un teulu, ac mae'n hawdd cweryla efo'n teulu. Ond ym mhob perthynas, mae angen sylfaen o barch at eich gilydd, felly paid â dechrau cymryd pobl yn ganiataol. Fedri di ddim dechrau deud yn union be sydd ar dy feddwl heb ystyried teimladau dy ffrind. Mae 'na bendraw ar amynedd pawb, felly gofala beidio croesi'r ffin.

Fel arfer, mae'n brifo mwy i glywed celwydd gan dy ffrind na chlywed y gwir, er bod y gwir yn gallu brifo.

Ro'n i'n gandryll pan wnes i ffeindio allan bod mam Aimee wedi talu am fy nhaith ysgol i Ffrainc. Gafon ni ffrae fawr, ac er 'mod i'n gwbod bod hi wedi gwneud rhywbeth caredig, ro'n i'n teimlo gymaint o gywilydd. Dwi'm isio i bobl feddwl 'mod i angen handouts. Ro'n i ac Aimee yn wyllt gacwn, a'r peth gorau oedd rhoi saib bach i'n perthynas gael tawelu. Taswn i wedi trio datrys popeth yn y fan a'r lle, mi fydden ni wedi cael ffrae arall dwi'n siŵr.
MAEVE

Mae ymddiheuro'n fwy na chwrteisi. Mae'n ddefod bwysig sy'n dod â phobl at ei gilydd i allu symud ymlaen a thyfu.
JEAN

Mae'n hawdd disgyn i'r trap a phwdu, neu roi'r bai ar y person arall. Mewn ffrae, gall emosiynau gael eu chwyddo, gall dy gorff deimlo fel ymladd neu ffoi, a gall dy nerfau fod yn sgrechian arnat ti nes dy fod ti'n methu meddwl.

Cymer saib o'r sefyllfa, i roi cyfle i ti brosesu'r hyn gafodd ei ddweud. Ac weithiau (er bod hyn mor *annoying*) fe wnei di sylwi maen nhw oedd yn iawn, a bod cyfrifoldeb arnat ti i ymddiheuro.

SDIM RHAID **HOFFI PAWB**

Mae dros 7.9 biliwn person yn y byd – sdim rhaid i ti hoffi pawb. Mae pobl yn gymhleth, efo diddordebau gwahanol, a dydi rhai pobl jest ddim yn dod ymlaen â'i gilydd. Does dim angen bod yn ffrind i bawb.

Mae'n hollol normal i beidio bod yn ffrindiau efo pob un person ti'n gyfarfod, ond dyw hynny ddim yn rheswm i fod yn *dick*. Jest bydd yn garedig. Mae hyd yn oed gelynion pennaf fel Rahim ac

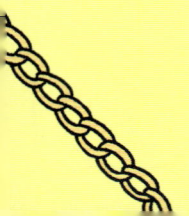

Adam yn gallu bod yn sifil â'i gilydd, rhan fwya o'r amser. Roedd Rahim bron iawn (bron iawn!) yn neis efo Adam pan ddwedodd o,

Efallai nad wyt ti'n ddi-nod wedi'r cyfan

Waw, am ganmoliaeth, Rahim.

Ac os nad yw rhywun yn ffan mawr ohonat ti? Paid cymryd y peth i'r galon. Ti'n ddigon, heb fod pawb yn y byd yn dy hoffi. Paid byth â seilio dy hapusrwydd ar beth mae eraill yn ei feddwl. Yr unig farn sy'n bwysig yw dy un di, ac un dy deulu, ffrindiau a phobl sy'n dy nabod.

CORIDORAU **MOORDALE**

Mae pawb un ai'n meddwl am SHAGIO, bron â SHAGIO, neu neu'n SHAGIO go iawn!
ERIC

Dwi'n gwbod yn iawn lle mae'r hymen, ond diolch beth bynnag.
MAEVE

'Dan ni'n ffrindia. Dwi'n dy garu di fel ffrind.
OLA

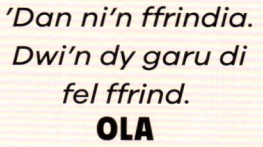

Wnei di deimlo fo'n tyfu yn dy law, fel llosgfynydd sydd am ffrwydro.
JEAN

'Dan ni'n methu deud be fydd ein corff yn ei wneud nesaf o hyd. Ond 'dan ni yn gallu dweud y gwir.
OTIS

> Pan dwi'n drist, dwi'n copio off efo nerds.
> **RUBY**

> Yng nghanol secs, dwi'n teimlo fel 'mod i 'rioed 'di gweld fagina o'r blaen. Ond dwi wedi, mae gen i un, a dwi 'di sbio arni loads.
> **TANYA**

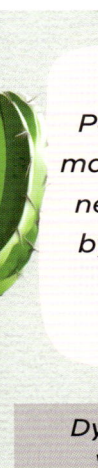

> Paid cymharu maint dy goc efo neb arall – 'dio byth yn helpu.
> **OTIS**

> Dydi breuddwydion ddim yn wir. Dyna pam mai breuddwydion ydyn nhw.
> **ADAM**

> I fod yn glir, fi ddim isie ffwrcho ti. Fi isie ffwrcho unrhyw ddyn gyda phidyn.
> **LILY**

> Mae o 'di siarad efo fi 26 gwaith yn union, gan ddefnyddio cyfanswm o 556 o eiriau.
> **VIV**

27

DY HUNANIAETH DY HUN

Wyt ti erioed wedi holi'r cwestiwn 'Pwy ydw i?' Wel, dwyt ti ddim ar ben dy hun. Bob dydd, mae pobl yn darganfod pethau newydd amdanyn nhw'u hunain. Mae bodau dynol yn datblygu wrth dyfu, ac rydyn ni'n rhydd i allu newid.

Ond mae deall a derbyn dy hun yn gallu bod yn heriol hefyd.

DEALL A DERBYN DY HUN

Mae'n deimlad anhygoel i ddeall dy hunaniaeth dy hun; pwy wyt ti, a beth wyt ti eisiau ei fod. Ond mae darganfod dy hunaniaeth, a'i derbyn, yn daith hir a chymhleth i rai. Mae ceisio ffitio i mewn yn beth naturiol, ond mae cuddio elfennau o dy hun yn gallu cael effaith negyddol ar dy iechyd meddwl (darllena bennod deg am ragor o wybodaeth).

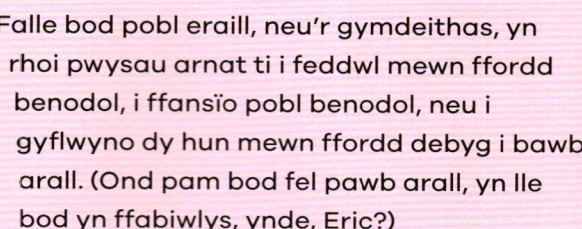

Falle bod pobl eraill, neu'r gymdeithas, yn rhoi pwysau arnat ti i feddwl mewn ffordd benodol, i ffansïo pobl benodol, neu i gyflwyno dy hun mewn ffordd debyg i bawb arall. (Ond pam bod fel pawb arall, yn lle bod yn ffabiwlys, ynde, Eric?)

Mae rhywioldeb yn sbectrwm. Dydi secs ddim yn ein trwsio, felly all o ddim ein malu chwaith.
JEAN

Os nad wyt ti'n teimlo'n gyfforddus yn bod yn ti dy hun, beth am drio siarad efo dy ffrindiau agosaf, dod o hyd i eraill fel ti ar-lein neu wyneb yn wyneb, neu siarad efo rhywun proffesiynol er mwyn datblygu dy hunanhyder a dod o hyd i dy gymuned?

Beth am gadw dyddiadur? Rwy'n siŵr y byddet ti'n dysgu lot amdanat ti dy hunan drwy wneud nodyn o dy deimladau a dy feddyliau.

Mae dy hunaniaeth a dy rywioldeb yn gallu aros yr un fath neu newid yn gyson drwy gydol dy fywyd. Falle na fyddi di'n ffansïo unrhyw un. Ond mae cymuned gref yn help wrth i ti drio darganfod dy hun.

Dydi o ddim wastad yn hawdd, ond cofia mai ti sy'n penderfynu sut i ddiffinio dy hun, ac mae gan dy hunaniaeth di werth.

MAE RHYWIOLDEB
YN SBECTRWM EANG

Rhywioldeb (*sexual orientation* neu *identity*) yw'r ffordd i ddisgrifio pwy ti'n ffansïo. Yn y gorffennol, roedd pobl y wlad yma ddim ond yn deall ac yn derbyn rhywioldeb 'syth', neu hetero. Mae 'na lefydd sy'n dal i gredu mai dyma'r unig rywioldeb, ond mae dealltwriaeth o rywioldeb fel un sbectrwm eang yn tyfu. Mae'r syniad yma yn ein caniatáu i feddwl am rywioldeb fel rhywbeth symudol sy'n gallu newid, yn hytrach na gorfod dewis un ffordd neu'r llall. Mae sawl person yn teimlo bod eu rhywioldeb yn symud ac yn ymestyn ar draws y sbectrwm, yn lle aros mewn un pwynt sefydlog.

Dyma rai disgrifiadau o rywioldeb gwahanol, ond cofia bod 'na fwy na rhain yn bodoli. Mae 'na nifer fawr o labeli gwahanol, a gei di un ai ffeindio un sy'n dy siwtio di, neu benderfynu peidio cael label o gwbl. A chofia, gall ffansïo olygu yn gorfforol neu'n emosiynol, neu'r ddau!

HETERORYWIOL

Neu 'Syth'. Rhywun sy'n ffansïo pobl â rhywedd wahanol i'w hunain.

HOYW NEU LESBIAIDD

Rhywun sy'n ffansïo pobl o'r un rhywedd.

DEURYWIOL

Rhywun sy'n ffansïo pobl o'r un rhywedd a'r rhywedd wahanol i'w hunain.

PANRYWIOL

Rhywun sy'n ffansïo pobl o bob rhywedd a hunaniaeth rhywedd. Mae rhai pobl yn hoffi'r term yma'n fwy na deurywiol. Mae'n gallu golygu dy fod ti'n disgyn mewn cariad efo'r person, gan anghofio pob label.

ACE

Term sy'n disgrifio amrywiaeth mewn lefelau o atyniad rhamantus a/neu rywiol am eraill. Gall pobl Ace deimlo atyniad bach at eraill, neu mae rhai'n teimlo dim atyniad o gwbl.

RHYWEDD

Er bod y geiriau Rhywioldeb a Rhywedd yn debyg, dydyn nhw ddim yn golygu'r un peth. Pan 'dan ni'n cael ein geni, mae'r doctoriaid yn penderfynu beth yw ein rhyw biolegol (*biological sex*) yn ôl ein organau rhywiol (*genitals*), sef Gwryw a Benyw, fel arfer.

gwryw a **benyw**

Mae Rhywedd (*Gender*) yn cyfeirio at ddisgwyliadau cymdeithas, am ein hymddygiad a'r ffordd rydyn ni'n edrych. Mae hefyd yn cyfeirio at sut rydyn ni'n gweld ein hunain. Weithiau mae pobl yn cytuno efo'r rhyw sydd ar eu tystysgrif geni, ac weithiau mae pobl yn uniaethu efo rhywedd wahanol.

Wrth i gymdeithas barhau i ddatblygu, mae termau newydd yn cael eu creu a'u defnyddio i ddisgrifio profiadau pob un ohonon ni.

Ti sy'n penderfynu beth yw dy hunaniaeth, a sut i gyfleu dy rywedd. Mae'n bwysig parchu rhywedd pob unigolyn. Mae'n gallu teimlo'n boenus pan mae rhywun yn cyfeirio atat fel y rhywedd anghywir, ar bwrpas. Os wyt ti'n teimlo'n ddigon saff, dwed wrth dy ffrindiau neu wrth oedolyn sy'n gallu helpu. Ac os wyt ti'n gweld hyn yn digwydd i rywun arall, mae mor bwysig dweud wrth rywun a chefnogi'r person sydd angen help. Mae'n gyfrifoldeb arnom i gyd i wthio'r byd i newid ac i ddeall.

> *Mae agwedd Hope yn ein gwersi ABACh yn hen ffasiwn ac yn annheg. Dyma dwi'n ei wynebu bob dydd. Er ei bod hi'n gwbod 'mod i a Layla'n anneuaidd, fe wnaeth hi ei gorau i godi cywilydd arnon ni drwy'n gorfodi i ymuno â chriw y merched. Roedd Layla'n teimlo bod rhaid iddi wrando, ond nid fi. Dwi ddim am adael iddi hi benderfynu fy hunaniaeth – dim ond fi sy'n cael gwneud hynny.*
> **CAL**

Mae gan bawb gyfrifoldeb i ddeall ac i ddysgu am hunaniaethau gwahanol. Wrth gwrs, mae'n naturiol i gael cwestiynau am bynciau newydd fel hyn. Ond cyn dechrau holi rhywun yn dwll, jest meddylia. Ydi'r person yma eisiau ateb degau o gwestiynau am eu hunaniaeth? Falle eu bod nhw'n fwy na hapus i wneud, ond nid eu cyfrifoldeb nhw ydi dy addysgu di. Parcha eu penderfyniad os ydyn nhw'n anghyffyrddus. Mae digon o adnoddau ar-lein; darllena gefn y llyfr yma i ffeindio rhai gwefannau defnyddiol. A chofia, mae'r un peth yn wir am rywioldeb, anabledd a hil.

Un peth syml fedri di ei wneud yw cyflwyno dy hun gyda dy ragenwau (*pronouns*) wrth gyfarfod rhywun newydd. Gall hyn wneud gwahaniaeth, yn enwedig mewn grwpiau mawr, achos mi fydd pawb yn gyfforddus heb orfod trafod y pwnc.

Os oes gen ti gwestiynau am rywedd, neu os wyt ti'n nabod rhywun sydd ddim yn deall rhywedd yn dda iawn, dyma rai o'r termau mwyaf cyffredin:

Cydryweddol (Cisgender)
Pan mae dy rywedd yr un fath â'r hyn sydd ar dy dystysgrif geni.

Traws (Transgender)
Pan mae dy rywedd yn wahanol i'r hyn sydd ar dy dystysgrif geni. Gall pobl draws ddefnyddio labeli eraill i ddisgrifio eu hunaniaeth hefyd, fel anneuaidd neu genderqueer.

Anneuaidd (Non-binary)
Term ymbarél pan nad yw dy hunaniaeth rhywedd yn ffitio'n syml i'r dewis o wryw neu fenyw. Mae rhai pobl anneuaidd yn uniaethu efo rhai elfennau deuaidd, ac eraill yn gwrthod y syniad o wryw a benyw yn llwyr.

Rhywedd Amrywiol (Genderqueer)
Pan nad yw dy rywedd yn wryw na benyw, neu efallai dy fod ti rhwng y ddau, neu ddim yn credu yn y syniad o ddau ryw o gwbl. Mae'r label yma fel arfer yn ymateb i'r stereoteipiau deuol a'r syniad cymdeithasol o wryw a benyw.

Rhywedd Cyfnewidiol (Gender fluid)
Pan nad yw dy rywedd yn statig, ac rwyt ti'n newid rhwng y rhyweddau, neu'n uniaethu gyda mwy nag un rhywedd ar yr un pryd. Gall dy rywedd newid yn ddyddiol, wythnosol, yn fisol, neu'n ddibynnol ar y sefyllfa, a bydd yn wahanol i bawb.

Rhywedd Niwtral *(Gender neutral)*

Pan nad yw dy rywedd yn wryw na benyw.

Mynegiant Rhywedd *(Gender expression)*

Mae hwn yn cyfeirio at sut mae unigolyn yn dewis mynegi ei hunan i'r byd yn hytrach na'i hunaniaeth. Ond cofia, does dim rhaid cydymffurfio â'r disgwyliadau cymdeithasol. Falle fod menyw draws yn penderfynu peidio gwisgo mewn ffordd draddodiadol 'ferchetaidd', neu falle bod dyn cydrywiol yn hoffi gwisgo colur. Ein teimladau ni sy'n bwysig wrth fynegi ein hunain, nid disgwyliadau cymdeithas.

DOD **ALLAN**

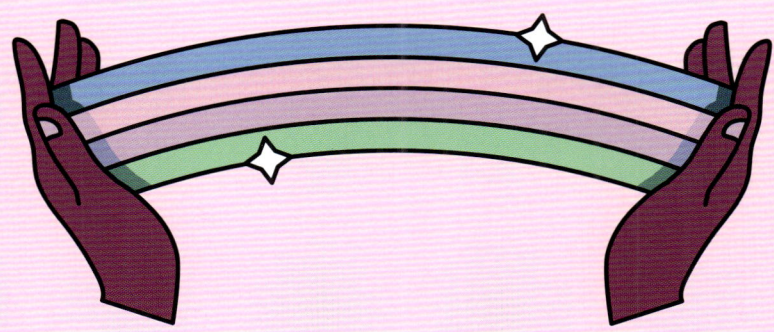

Mae dod allan yn broses o dderbyn dy hunaniaeth dy hun, a gall bara drwy dy oes.

Mae dod i dderbyn dy rywioldeb a rhywedd yn gallu bod yn hawdd i rai, ac yn heriol i eraill. Yn anffodus, dydi pob ysgol, swyddfa neu ardal ddim yn gwbl agored i hunaniaeth wahanol. Falle dy fod ti'n byw mewn pentref bach a ti yw'r unig berson sydd ddim yn 'syth', ac mae hynny'n bownd o deimlo'n unig.

Mae pob taith i ddod allan yn un bersonol, a falle byddi di'n penderfynu dod allan yn gyhoeddus. Does dim ffordd gywir nac anghywir o ddod allan, a dy ddewis di yw dweud wrth unrhyw un. Ti sy'n cael penderfynu ar hyd y daith, felly paid gadael i unrhyw un roi pwysau arnat ti. Gwna di be sy'n iawn i ti.

Falle dy fod ti'n barod i ddweud wrth rai o dy ffrindiau agosaf, ac mae hynny'n ocê. Neu falle dy fod ti'n falch o gael dathlu dy hunaniaeth yn gyhoeddus, fel Eric. Ond jest fel ffeindio pâr o dreinyrs newydd – mae'n rhaid iddo dy ffitio di'n berffaith.

Mae rhai teuluoedd yn fwy agored nag eraill hefyd, ac mae dod allan i dy riant yn gallu bod yn sgeri. Os wyt ti'n barod i ddod allan iddyn nhw, ond yn teimlo'n nerfus, beth am holi un o dy ffrindiau, brawd neu chwaer, neu aelod o'r teulu i dy helpu? Falle i ddweud wrthyn nhw ar dy ran, neu i eistedd gyda ti. Neu beth am sgwennu llythyr, i ti allu paratoi o flaen llaw, a'i ddarllen allan neu ei roi iddyn nhw?

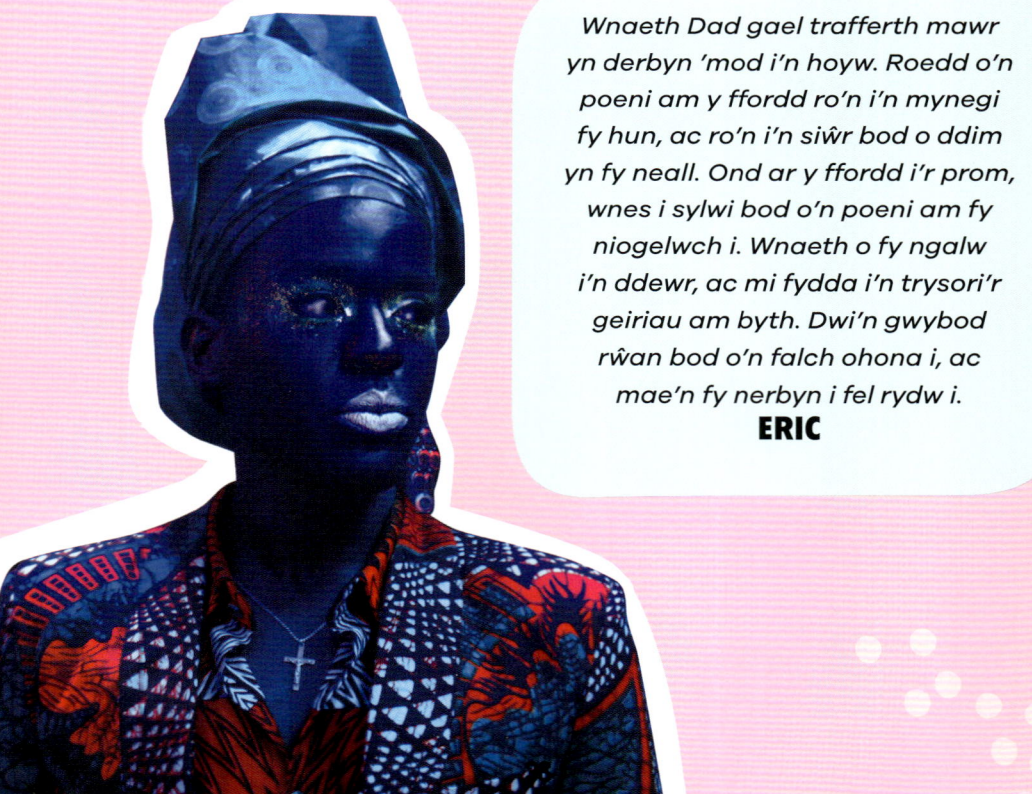

Wnaeth Dad gael trafferth mawr yn derbyn 'mod i'n hoyw. Roedd o'n poeni am y ffordd ro'n i'n mynegi fy hun, ac ro'n i'n siŵr bod o ddim yn fy neall. Ond ar y ffordd i'r prom, wnes i sylwi bod o'n poeni am fy niogelwch i. Wnaeth o fy ngalw i'n ddewr, ac mi fydda i'n trysori'r geiriau am byth. Dwi'n gwybod rŵan bod o'n falch ohona i, ac mae'n fy nerbyn i fel rydw i.

ERIC

Mae'n dorcalonnus pan nad yw ffrindiau neu deulu'n gallu dy dderbyn di fel rwyt ti. Weithiau dydyn nhw ddim yn deall, ac mi fedri di rannu'r adnoddau yng nghefn y llyfr er mwyn iddyn nhw ddysgu mwy am dy hunaniaeth. Os wyt ti'n gallu, gyrra neges at ffrindiau neu aelodau eraill o'r teulu, neu gymunedau ar-lein, a chofia fod elusennau yn gallu cynnig cefnogaeth bob amser. Dwyt ti ddim ar ben dy hun – mae 'na wastad rywun yma i dy helpu.

> *Pam na fedra i fod yn normal, efo dad normal, a dick normal?*
> **ADAM**

YDYN NI GYD YCHYDIG BACH
FEL ADAM?

Wyt ti'n teimlo bod neb yn dy ddeall? Ar y cyrion neu heb ffrindiau? Neu falle dy fod ti'n nabod rhywun sy'n ffitio'r disgrifiad yma. Wel, os felly, meddylia am Adam Groff. 'Adam?' medda ti. 'Pam ddyliwn i feddwl am Adam?'

Mae Adam yn sicr ar y cyrion. Mae pawb wedi cael eu camddeall gan eraill o'r blaen, ond beth am Adam? Wel, mae Adam yn cael ei gamddeall gan bawb o'i gwmpas, bob dydd. O'r tu allan, mae Adam yn edrych fel bwli sy'n malio dim am waith ysgol, ac wrth ei fodd yn tormentio eraill. Ond o dan yr wyneb, mae Adam yn delio efo tristwch mawr, a diffyg hunanhyder, yn bennaf oherwydd ei dad, Mr Groff, y cyn-bennaeth sydd wastad yn beirniadu Adam am ei waith, ei gymeriad, a'i bersonoliaeth.

Mae delio gyda bwlio yn y cartref yn rhywbeth heriol tu hwnt, ac os wyt ti'n ffeindio dy hun mewn sefyllfa debyg, cofia nad wyt ti ar ben dy hun. Ceisia siarad efo rhywun am dy sefyllfa – ffrind, athro, neu aelod arall o'r teulu, neu beth am siarad efo cwnselydd proffesiynol? Mae 'na elusennau hefyd sy'n rhoi cyngor cyfrinachol ac am ddim.

Yn hytrach na cheisio datrys y broblem, roedd Adam yn gwneud i eraill deimlo'n fach. Mae'n hawdd troi ar bobl eraill pan rwyt ti'n teimlo'n rhwystredig neu o dan bwysau. Pan mae'r byd yn teimlo yn dy erbyn, mae'n haws cuddio tu mewn i dy gragen fel cranc bach, ond mae hyn yn dy bellhau o dy ffrindiau neu o gymuned fyddai'n gallu helpu. Unwaith cafodd Adam y rhyddid i fod yn fo'i hun, fe gafodd gymorth ei ffrindiau newydd i allu sefyll fyny i'w dad, ac i ffeindio hapusrwydd.

ADAM Groff

NODIADAU JEAN: **GWIR NEU GAU?**

Dwi wedi bod yn edrych ar rai o'r straeon mwya cyffredin am secs, ac mae'n dangos pa mor uffernol ydi'n addysg rhyw ni! Nid dim ond pobl ifanc sy'n coelio'r straeon yma chwaith, mae rhai oedolion yn dal i wybod bron i ddim am secs. Mae'n rhaid i ni ddechrau addysgu ein hunain.

Rhif 1 – Gwir neu gau?

Yn dibynnu ar sawl gwaith mae rhywun wedi cael secs, mae fagina yn gallu bod yn dynn neu'n llac.

Hollol ffals! Cyhyr yw'r fagina, ac fel pob cyhyr arall mae'n gallu tynhau a llacio. Wrth deimlo cynnwrf, mae'r cyhyr yn meddalu ac yn ymestyn i wneud mynediad yn haws. Os nad oes digon o gynnwrf, yna mae'r cyhyr yn tynhau ac mi fydd mynediad yn ancddach ac yn anghyffyrddus.

Rhif 2 – Gwir neu gau?

Mae'n amhosib beichiogi os:-

* mai dyma dy dro cyntaf
* ti'n tynnu allan
* ti ar dy fisglwyf
* ti'n defnyddio *positions* penodol
* ti'n golchi efo dŵr ar ôl secs

Mae beichiogrwydd yn digwydd pan mae sberm yn cyrraedd ac yn ffrwythloni wy. Gall unrhyw un o'r esiamplau uchod arwain at feichiogrwydd. Gall yr *ejaculate* a'r *pre-ejaculate* gario miliynau o sberm, a dim ond un sydd angen cyrraedd pen y daith! Os nad wyt ti am gael babi, yna cofia gael secs saff.

Rhif 3 – Gwir neu gau?
Ti'n gallu cael STI neu STD o sêt y toilet.

Mae'r rhan fwyaf o STIs ac STDs yn cael eu pasio drwy hylif corff, fel hylif faginal ac anal, pre-ejaculate, semen neu waed. Dwyt ti'n methu dal unrhyw beth o eistedd ar y toilet. Ond wrth gael secs, mae angen bod yn saff.

Rhif 4 – Gwir neu gau?
Yr unig secs da yw secs sy'n gorffen gyda orgasm.

Bwriad secs yw bod pawb sy'n rhan ohono yn cael pleser, orgasm neu beidio. Mae rhai pobl yn cael trafferth cyrraedd orgasm, ac eraill byth yn eu profi. Ond dydi hynny ddim yn golygu bod dim pwrpas cael secs! Paid poeni am yr orgasm, jest mwynha dy hun.

Rhif 5 – Gwir neu gau?
Dyw hen bobl ddim yn cael secs.

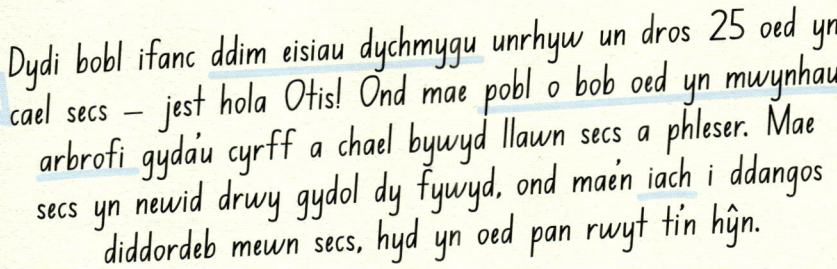

Dydi bobl ifanc ddim eisiau dychmygu unrhyw un dros 25 oed yn cael secs – jest hola Otis! Ond mae pobl o bob oed yn mwynhau arbrofi gyda'u cyrff a chael bywyd llawn secs a phleser. Mae secs yn newid drwy gydol dy fywyd, ond mae'n iach i ddangos diddordeb mewn secs, hyd yn oed pan rwyt ti'n hŷn.

POB MATH O GYRFF

> *Mae gan bawb gorff, yn does? Pam ddylen ni deimlo cywilydd?*
> **OTIS**

YDI FY NGHORFF I'N **NORMAL?**

Oes 'na ffasiwn beth â 'normal' pan 'dan ni'n siarad am gyrff? **Yn syml, nac oes.** Mae'r gair 'normal' yn rhoi'r argraff bod rhai pethau'n abnormal, a dydi hynny ddim yn wir. Mae pob corff yn wahanol a 'dan ni i gyd yn siâp neu'n faint gwahanol. Mae 'na bŵbs mawr a bŵbs bach, pidynnau hir a phidynnau byr, pobl denau, pobl fwy o faint, cyrff sydd efo anghenion meddygol, a lot, lot mwy.

Does dim un corff yn 'arferol'. Mae rhai pobl efo rhan ychwanegol (mae gan Harry Styles fwy na dwy deth (*nipple*), neu rannau ar goll (mae nifer o bobl yn methu tyfu blew piwbig, neu'n cael eu geni heb fys neu fraich). Boed gen ti greithiau acne, *stretch-marks*, bronnau mawr neu geilliau sy'n hongian yn isel, mae pob un ohonom ni'n anhygoel o unigryw, ac yn berffaith.

Mae llawdriniaeth plastig, fel y Brazilian Bum Lifts, dros y cyfryngau cymdeithasol, ac mae mor hawdd cymharu ein hunain â'r lluniau perffaith ar y we. Dychmyga *alien* yn glanio ar y blaned yma fory, ac yn edrych ar y cyfryngau cymdeithasol. Mi fyddai'n meddwl bod pawb ar y ddaear efo pen-ôl mawr, gwefusau anferthol, canol bach tenau a chroen perffaith. Ond faint o bobl fel hynny ti'n eu gweld ar y stryd? Fawr ddim, dyna faint!

Mae'n amhosib newid ein cyrff i ddilyn y trend diweddaraf. Ac er ei bod hi'n anodd weithiau, mae'n rhaid i ni ddysgu caru ein cyrff, achos mae'n cyrff ni yn eitha sbesial.

MAE PAWB YN **TEIMLO'N ANISCR**

Ti'n meddwl mai ti yw'r unig un sy'n teimlo'n ansicr weithiau? Coelia fi, mae pawb yn mynd drwy'r un peth. Y pethau bach a'r mawr, mae pob teimlad negyddol yn ddilys os ydyn nhw'n effeithio dy hapusrwydd di.

Hawdd iawn ydi dweud bod gwir brydferthwch ar y tu fewn, ond mae'n wir. Os wyt ti'n gallu teimlo'n hapus yn dy gorff dy hun, yna ti wedi ennill!

Ond os wyt ti'n teimlo bod y ffordd rwyt ti'n edrych yn effeithio ar dy iechyd meddwl, mae'n syniad da i siarad efo rhywun proffesiynol. A rhanna'r broblem efo ffrind, darllena bennod deg am ragor o wybodaeth, neu edrych ar yr adnoddau yng nghefn y llyfr.

PERFFEITHRWYDD? **PAH!**

Efo cymaint o luniau perffaith ar y we ac mewn cylchgronau sgleiniog, mae'n hawdd teimlo'n ddigalon a dechrau cymharu dy hun â'r llun. Ond cofia fod modelau a dylanwadwyr (*influencers*) yn teimlo'n crap weithiau hefyd, yn cymharu eu cyrff â'r models eraill ac yn crio i ganol eu hufen iâ braster isel fel pawb arall.

Os wyt ti'n nabod rhywun sydd efo corff perffaith – llongyfarchiadau! Ti wedi ffeindio'r unig un ar y blaned. Ond ti'n gwbod be? Maen annhebygol iawn eu bod nhw'n gweld eu hunain yn yr un ffordd, a falle eu bod nhw'n genfigennus o dy ffrecls di, neu dy fysedd hir, neu dy fochau coch.

Mae'r diwydiant ffasiwn yn dechrau defnyddio mwy o fodelau sy'n amrywio ym maint eu corff a'u hil, ac mae positifrwydd corff yn ymgyrch poblogaidd sy'n tyfu bob dydd. Mae'n dangos nad yw hapusrwydd ynghlwm â'r ffordd ti'n edrych – mae o am dderbyn dy hun fel wyt ti. O wisgo mewn ffordd sy'n gwneud i ti wenu, i garu dy greithiau am eu bod nhw'n adrodd stori, meddwl am y pethau ti'n eu caru amdanat ti dy hun. A phaid meddwl am eiliad bod pobl yn meddwl am dy gorff di. Mae pawb arall yn rhy brysur yn meddwl am eu *hang-ups* eu hunain i hyd yn oed sylwi ar dy rai di!

Hyd yn oed os ydi rhywun yn meddwl am dy gorff di, mae hynny'n dweud lot mwy am eu personoliaeth nhw!

> Mae pobl pathetig yn hoffi pigo beiau eraill am un rheswm – maen nhw'n sad, ac mae'n gwneud iddyn nhw deimlo'n well.
> **MAEVE**

Mae'r rheiny sy'n gyfforddus yn eu croen (hyd yn oed os oes ganddyn nhw restr hir o 'feiau' mond nhw sy'n eu gweld) yn pasio'r positifrwydd i'r bobl o'u cwmpas. Dydyn nhw ddim angen tynnu eraill i lawr i deimlo'n well.

Bob dydd, mae dy gorff yn perfformio gwyrthiau, felly cofia edrych ar ei ôl i deimlo'n iach ac yn gryf. Gwerthfawroga dy gorff, rho 'chydig o ofal iddo, a phawen lawen uchel – dy gorff yw dy bartner perffaith!

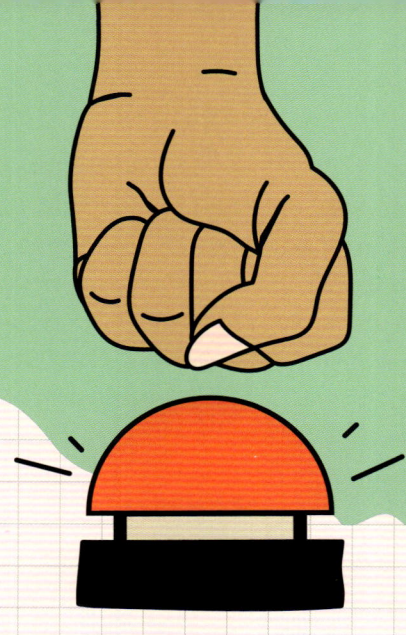

DY GORFF **BONCYRS** **OND BRILIANT**

Ambell ffaith hollol boncyrs (a hollol annefnyddiol, ond dychmyga os ydyn nhw'n ymddangos mewn cwis – fyddi di'n edrych fel jiniys!) am dy gorff:

✳ Mewn un corff, mae tua wyth peint o waed.

✳ Byddai'r holl wythiennau yn dy gorff mewn un rhes yn gallu lapio rownd y ddaear bedair gwaith.

✳ Mae mwy na hanner dy esgyrn di yn dy ddwylo a thraed.

✳ Mae dy galon yn curo tua 100,000 gwaith y dydd.

✳ Gall dy drwyn arogli tua un triliwn o arogleuon gwahanol (gan gynnwys B.O. – ych!)

✳ Jest fel y galon, mae gan dy fawd ei bỳls ei hun

✳ Pan mae dy fochau'n cochi, mae leinin y stumog yn cochi hefyd (mewn undod mae nerth).

BE MAE *HWNNA'N* **EI WNEUD?**

Ocê, mae'r amser wedi cyrraedd. 'Dan ni am rannu pob cyfrinach am lawr fan'na.

Y FAGINA

Dyma dwll gwyrthiol, lle gall fysedd, teganau secs, tampons, cwpanau misglwyf a phidynnau fynd i mewn. Os nad wyt ti'n defnyddio condoms neu ddulliau atalgenhedlu, dyma hefyd lle all babis ddod allan.

> *Pam ddylwn i ddathlu'r diwrnod pan ges i 'ngwthio allan o fagina, yn erbyn fy ewyllys?*
> **MAEVE**

Mae pobl yn dueddol o ddefnyddio'r gair fagina fel term cyffredinol am yr holl beth. Ond go iawn, y fagina ydi'r twnnel sy'n mynd o'r tu allan, i'r groth – y *birth canal*. Mae o 'chydig bach fel *cul-de-sac* achos dydi o ddim yn arwain i unrhyw le arall. Dydi pethau sy'n mynd i mewn drwy'r fagina methu cael mynediad i unrhyw ran arall o dy gorff (diolch byth!). Y fylfa (neu'r *vulva*) yw'r rhan allanol sydd o gwmpas mynediad y fagina, a'r fylfa ydi'r rhan 'dan ni'n gallu ei gweld.

Y DARN TECHNEGOL

Os wyt ti'n cael dy eni efo fagina, fylfa a chroth, yna bydd wyau a'r hormon *oestrogen* a *progesterone* yn cael eu creu yn dy ofarïau. Mae'r ofarïau ar ben pellaf y tiwb *fallopian*, sef lle mae'r wyau yn teithio i gyrraedd y groth yn ystod ofyliad (y cyfnod pan mae wyau yn cael eu rhyddhau o'r ofari).

Mae'r groth, neu'r wterws, yn yr abdomen isaf, a dyma lle mae babi'n tyfu. Fel rhan o'r cylch mislifol, tua bob 28 diwrnod, mae leinin y groth yn twchu er mwyn paratoi i ddal wy sydd wedi ei ffrwythloni gan sberm. Os nad yw'r wy yn cyrraedd, yna mae'r groth yn cael gwared o'r leinin – dyma yw'r gwaed yn ystod dy fislif. Mae misglwyf fel arfer yn dechrau o tua deuddeg mlwydd oed, ond gall fod yn gynt neu'n hwyrach. Mae'r gwaedu yn para rhwng tua tri ac wyth diwrnod, efo gwaedu trwm ar y ddau ddiwrnod cyntaf. Ar y diwrnodau trymaf, bydd y gwaed yn goch, ond ar ddiwrnodau ysgafnach bydd yn binc, yn frown neu'n ddu.

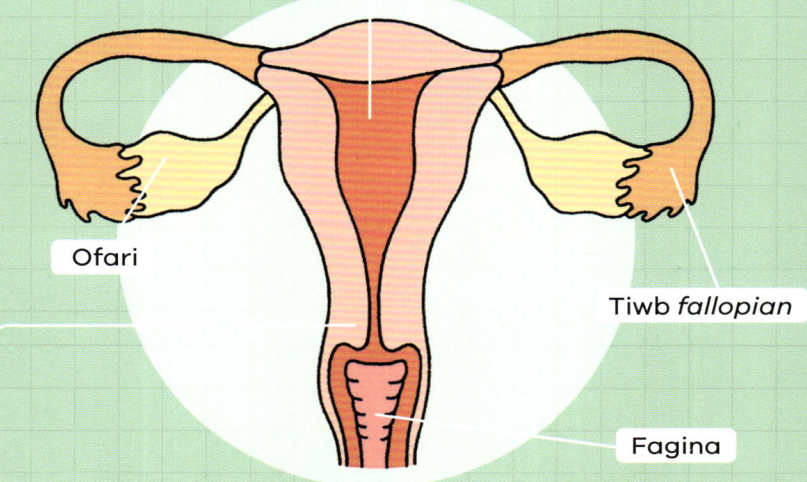

Ofari

Tiwb *fallopian*

Fagina

Y serfics yw'r rhan o dy groth sy'n ymestyn i lawr at y fagina. Dyma'r rhan sy'n cael ei swabio yn ystod dy brawf smear. Fel arfer, mae drws y serfics ar gau, ond mae'n agor er mwyn cael gwared â gwaed a hylif arall yn ystod dy fislif. Y serfics yw'r rhan sy'n agor (*dilate*) pan mae rhywun yn cael babi, fel ti'n siŵr o fod wedi clywed mewn ffilmiau.

Endometriosis yw enw'r cyflwr pan mae stwff tebyg i leinin y groth yn tyfu ar yr ofarïau neu yn y tiwb *fallopian*, ac mae'n gallu bod yn ofnadwy o boenus. Does neb yn gwybod beth sy'n achosi endometriosis ond rhai o'r symptomau yw cramps a phoen difrifol yn ystod y mislif, poen ar ôl neu yn ystod secs, teimlo'n sâl, a rhwymedd neu ddolur rhydd (*constipation* neu *diarrhoea*) yn ystod dy fislif. Os wyt ti'n cael unrhyw symptomau anarferol adeg dy fislif, y peth gorau yw siarad efo doctor.

Y cwestiwn mawr yw, sut all fagina fod yn ddigon mawr i ffitio babi drwyddo, ond hefyd digon bach i gadw tampon tu mewn am oriau? Wel, dyma'r ateb. Pan mae'r fagina'n ymlacio, mae organau eraill y corff o'i chwmpas yn rhoi pwysau arni ac yn cadw wal y twnnel at ei gilydd, sy'n cadw tampon neu gwpan yn saff yn ei le.

Mae waliau'r fagina yn rhyddhau hylif sy'n helpu i gadw'r fagina yn lân, gwlyb ac iach. Dyma sy'n gwneud fagina'n wlyb pan fyddi di'n edrych ymlaen i gael secs hefyd. Does dim rhaid i ti boeni am yr hylif sy'n dod allan, ond os wyt ti'n sylwi bod yr hylif yn newid mewn lliw, arogl neu deimlad, yna dos i weld y doctor, jest rhag ofn.

Mae'r *labia majora*, sydd hefyd yn cael ei alw'n weflau mwyaf (*labia* yw'r gair Lladin am wefus), yn rhan o'r fylfa ac yn amddiffyn y rhannau mwy sensitif o'r *vajayjay*. Mae blew piwbig yn tyfu ar y *labia majora*.

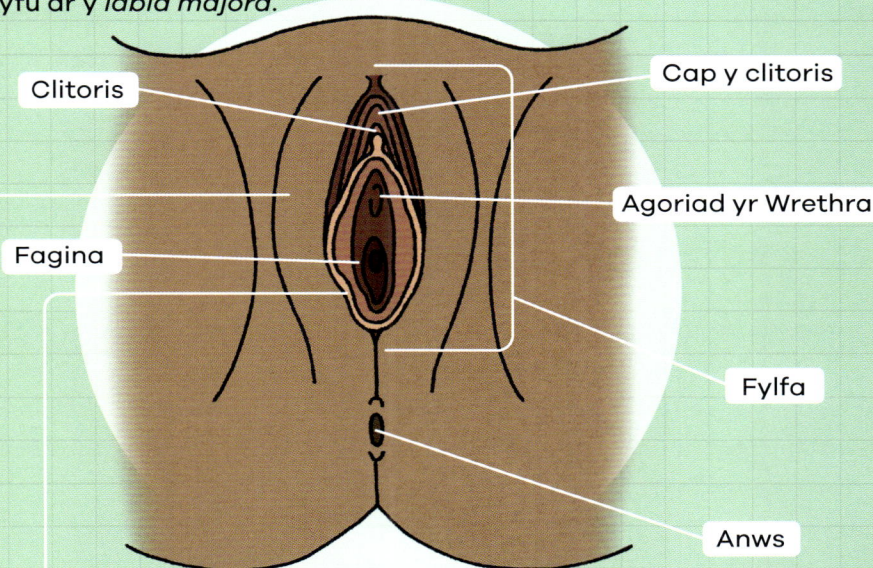

Clitoris

Cap y clitoris

Agoriad yr Wrethra

Fagina

Fylfa

Anws

Y *labia minora*, neu'r gweflau lleiaf, yw'r wal nesaf o groen amddiffynnol sy'n helpu cadw'r V yn saff. Mae 'na glands olew reit sbesial yn rhain, sy'n cadw'r fagina yn gyfforddus ac yn wlyb neis.

Mae'r *labia majora* a *minora* yn wahanol i bawb. Maen nhw'n dod mewn meintiau gwahanol, dydi'r ochr chwith ddim o hyd yr un fath â'r ochr dde, a dydyn nhw'n sicr ddim yn edrych fel rhai sêr porn. Darllena bennod wyth am fwy ar hyn.

A be am y twll bach o dan y clitoris, sef agoriad yr wrethra? Dyma'r twll pi-pi. Mae lot o bobl yn meddwl dy fod ti'n pi-pi o dy fagina, ond dydi hyn ddim yn wir. A rŵan rwyt ti'n gwybod bod 'na ddau wahanol dwll!

Yr *hymen* yw'r haen denau o groen yn agoriad dy fagina. Dydi o ddim yn ymestyn dros y twnnel cyfan, sy'n caniatáu i waed a hylif ddod allan. Dydi pawb ddim yn cael eu geni efo *hymen*.

Wyt ti wedi clywed y stori bod dy *hymen* yn 'torri' y tro cyntaf y cei di secs? Wel, dydi hyn ddim yn wir chwaith, achos mae'r *hymen* yn llawn tyllau yn barod. Ond mae'n gallu cael ei dynnu neu ei rwygo 'chydig bach, sy'n gallu gwneud i ti waedu. Weithiau mi fydd yr hymen wedi rhwygo yn barod wrth ddefnyddio tampons, gwneud gymnasteg neu chwaraeon eraill, neu wrth i ti ddarganfod dy gorff dy hun. Mae'n amhosib gwybod a yw rhywun wedi cael secs ai pheidio wrth edrych ar yr *hymen*.

Y BOTWM BACH HUD

Mae'n hawdd anghofio'r rhan yma o'r corff am ei fod mor fach, ond coelia fi, mae'r **clitoris** yn bwysig! Mae dros 8,000 o nerfau yn y clit, a dyma'r ffordd orau i rai pobl gael orgasm ar ben eu hunain neu efo rhywun arall. Felly mae'n rhaid dysgu sut i bwyso'r botwm hud.

Mae cap y clitoris yn ddarn bach o groen sy'n amddiffyn y clit rhag rhwbio neu gynhyrfu pan wyt ti *out and about* yn y siop neu ar y bws (diolch byth). Pan mae'r corff yn dechrau teimlo cynnwrf, mae'r cap yn llithro nôl fel bod y clit yn gallu mwynhau yr holl bleser sydd ar gael.

50

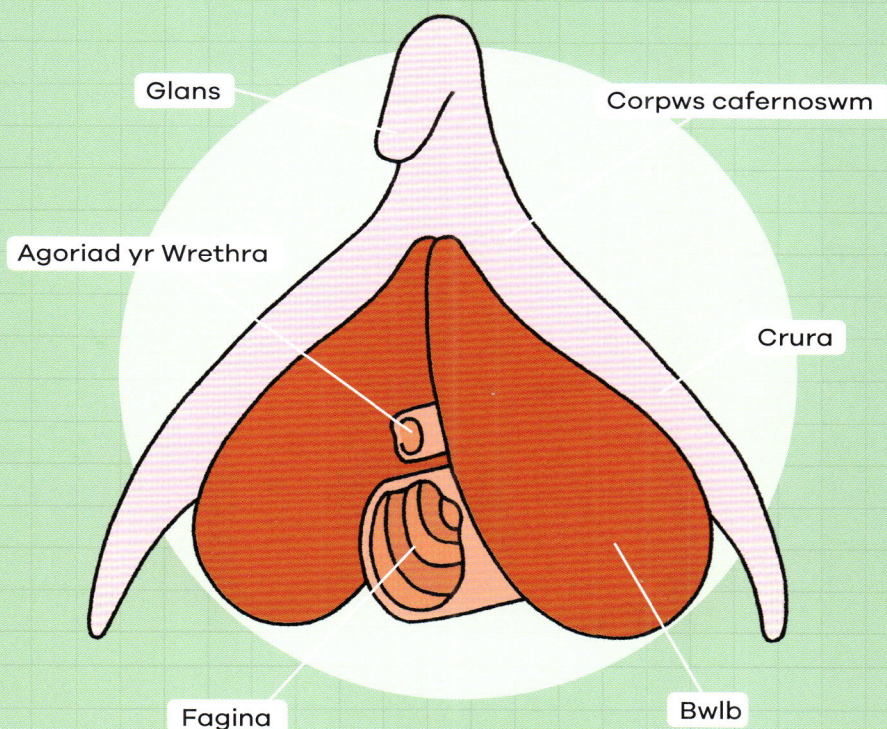

Glans

Corpws cafernoswm

Agoriad yr Wrethra

Crura

Fagina

Bwlb

Wyddost ti fod rhan fwya'r clitoris ar y tu mewn? Mae astudiaethau'n dangos bod y clitoris yn ymestyn o'r botwm bach hud ar y tu allan, i mewn i ddwy goes fach o'r enw'r crura. Mae darn o gnawd siâp bwlb bob ochr, rhwng y fagina a'r crura.

Mae'r coesau'n crwydro i lawr, drwy a thu ôl i'r *labia minora*, heibio'r wrethra a thwnnel y fagina, ac yn ymestyn tuag at yr anws. Wrth deimlo cyffro yn ystod secs da, mae'r crura a'r bylbiau yn chwyddo bob ochr i'r fagina, sy'n cynyddu'r hylif, y pleser, a'r teimlad hyfryd, anesboniadwy 'na.

HALELIWIA!

Y **PIDYN**

Falle bod y gair yn gwneud i ti chwerthin, ond dyna yw ei enw. Mae ymchwil yn dangos bod y pidyn cyffredin rhwng 13–18cm (neu 5–7 modfedd) pan mae'n galed. Dydi ymarfer corff, tabledi oddi ar y we nac unrhyw feddyginiaeth ddim yn gallu ei wneud yn fwy. Dydi'r tabledi sy'n cael eu hysbysebu ar y we (ar wefannau porn, er enghraifft) ddim yn gweithio, ac maen nhw'n gallu bod yn beryglus.

PIDYN, PIDYN, GA I FOD YN FFRIND?

Mae gan bob pidyn ddwy siambr o'r enw *corpws cafernoswm* (sy'n swnio 'chydig bach fel pizzeria posh) ar hyd y pidyn ei hun, a thu mewn i'r ddwy siambr mae llwyth o wythiennau fel sbwnj.

Tiwb yw'r wrethra, sy'n cario *semen* a phi-pi allan drwy'r pidyn, ac mae'n rhedeg oddi tan y *corporal cavernosum*. O gwmpas yr wrethra mae cnawd, dwy brif rydweli, a lot o nerfau a gwythiennau.

Pan mae'r pidyn yn cael ei gyffroi (h.y. pan ti'n cael dy droi mlaen), mae'r *corpws cafernoswm* yn ymlacio, sy'n caniatáu gwaed i lifo i'r rhannau meddal fel sbwnj. Mae'r gwaed yn pwyso ar waliau'r pidyn i wneud iddo dyfu ac yna –

ta-da-
co'r codiad!

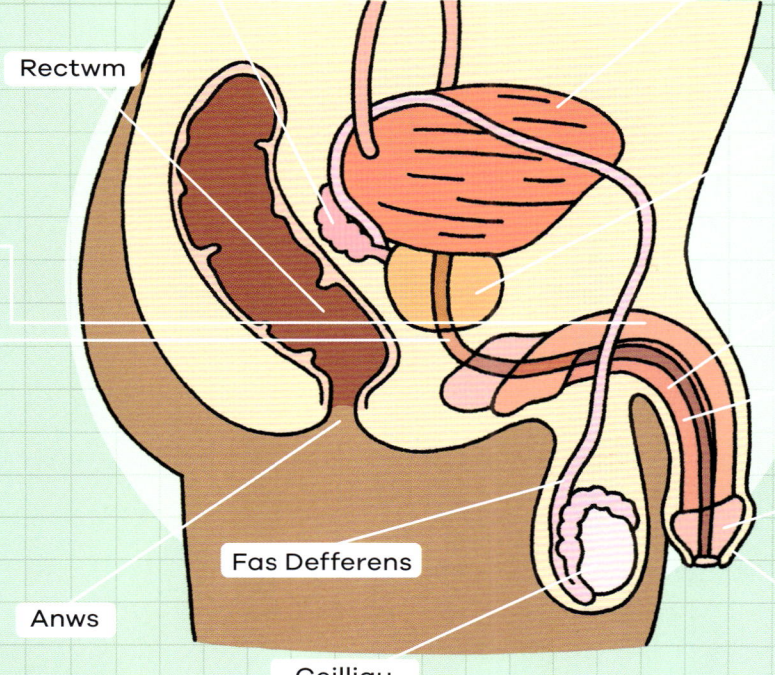

Fesigl semenol

Pledren

Rectwm

Gland Brostad
(neu chwarren
brostad)

Corpws
Spongiosum

Frenulum
(neu Ffrwynyn)

Glans (blaen
y pidyn)

Fas Defferens

Anws

Ceilliau

Blaengroen

Mae gan flaen y pidyn (neu'r *bell-end*) enw swyddogol – y glans. Mae'r glans yn gartref i agoriad yr wrethra, a dyna yw'r twll ar y pen.

Yr enw swyddogol am y pidyn yw'r siafft, ac mae beirdd wedi canu clodydd y pidyn, neu'r cal, ers blynyddoedd. Un o gerddi enwocaf Dafydd ap Gwilym yw 'Cywydd y Gal', ac yno mae'n cymharu'r pidyn i bethau fel rholbren, corn, gwddw gŵydd, a lot (lot fawr) o bethau eraill.

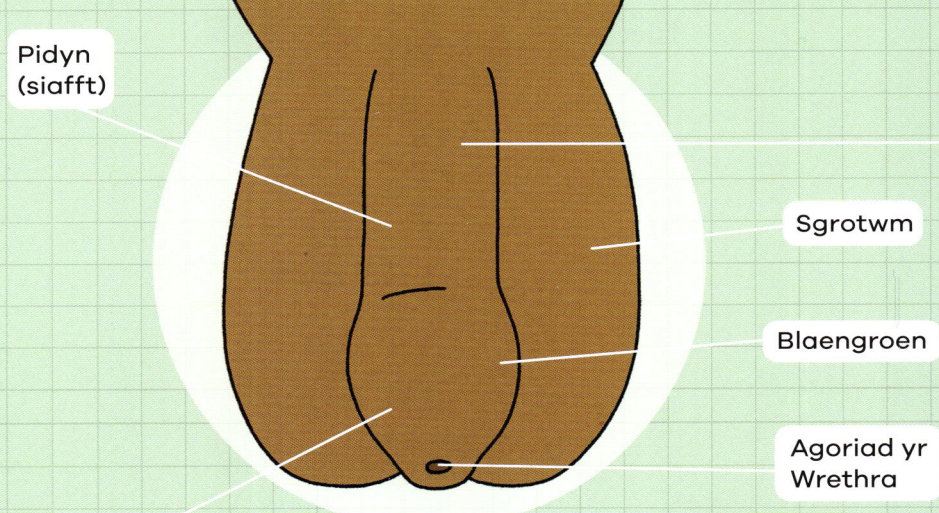

Pidyn (siafft)

Sgrotwm

Blaengroen

Agoriad yr Wrethra

Mae'r glans yn fwy sensitif na'r siafft. A dweud y gwir, mae'r *frenulum* (neu'r *banjo string*, fel mae rhai yn ei alw) wedi ei leoli o dan y glans, ac mae rhai yn dweud mai dyma rhan mwyaf sensitif y pidyn cyfan. Weithiau gall y ffrwynig *(frenulum)* rwygo neu waedu yn ystod secs egnïol neu pan fyddi di'n pleseru dy hun. Os ydi hyn yn digwydd, cer i siarad efo'r doctor i wneud yn siŵr fod popeth yn iawn.

Mae gan rai pobl flaengroen, ac mae eraill yn dewis cael llawdriniaeth i'w dynnu oherwydd eu crefydd neu ofynion meddygol. Neu weithiau mae rhai pobl yn hoffi cael y snip a chael gwared ohono.

Os oes gen ti flaengroen, mi fydd yn cuddio'r glans pan mae'r pidyn yn feddal. Ond pan fyddi di'n cael codiad, mi fydd y blaengroen yn cael ei dynnu yn ôl, fel cyrtens mewn sinema neu theatr.

Fel arfer, mae gan ddynion ifanc flaengroen tyn, sy'n gallu achosi pryder neu edrych yn anarferol i ti. Mae hyn achos bod actorion porn wedi cael gwared o'u blaengroen nhw, felly dwyt ti ddim wedi arfer efo gweld un tyn. Ond os nad yw'n achosi poen, chwyddo neu gochni, sy'n gallu bod yn arwydd o gyflwr o'r enw *phimosis*, does dim angen gweld y doctor – mae popeth yn iawn.

Mae'r ceilliau yn byw yn y sgrotwm (y sach rychlyd sy'n hongian i lawr) ac mae'r rhain yn sensitif iawn hefyd.

Gyda llaw, oeddet ti'n meddwl bod sberm a semen yr un peth? Gad i fi esbonio popeth.

Semen ydi'r cym, y dod, neu'r *ejaculate*, a dyma sy'n ffrwydro allan o'r pidyn pan ti'n dod. Tra mai sberm yw'r celloedd bach iawn sy'n gallu creu babi. Mae sberm yn un rhan o semen, ond mae semen yn cynnwys lot o bethau eraill hefyd, fel hylif o'r prostad, y gland bwlbwrethral, a'r fesigl semenol, yn ogystal â mwcws, siwgr, protein a fitaminau.

Mae'r perinëwm, neu'r rhan rhwng y pidyn a'r anws, yn sensitif iawn. Drwy gyffwrdd y perinëwm, mae'n bosib stimiwleiddio'r prostad, lle mae'r hylif semenol yn cael ei greu. Dychmyga ffatri semen bach maint cneuen.

NODYN BACH: mae'r brostad yn rhan o'r corff sy'n dueddol o gael problemau a chwyddo. Gall fod mor syml â *prostatitis*, cyflwr eithaf diniwed a chyffredin, ond gall fod yn arwydd o ganser y brostad. Os wyt ti'n sylwi ar unrhyw chwydd neu newid yn y rhan yma o'r corff, yna dos at y doctor i wneud yn siŵr fod popeth yn iawn. Mae'n rhywbeth cyffredin tu hwnt, felly paid teimlo cywilydd – mae'n bwysicach cadw'n iach.

Mae hylif semenol yn cymysgu efo sberm o'r ceilliau i helpu'r sberm deithio i lawr y pidyn yn saff (fel peilot neu yrrwr bws clên). Ei unig swydd yw cludo'r penbyliaid bach tuag at yr wy, fel eu bod nhw'n gallu nofio i ffwrdd yn hapus ac yn llon i'w ffrwythloni. Heb y semen o'u cwmpas, byddai'r sberm yn nofio mewn cylchoedd fel pysgod aur mewn tanc.

Ar gyfartaledd, mae 200 miliwn o sberm yn cael eu rhyddhau pan fyddi di'n dod, a dim ond un – un! – sydd angen cyrraedd wy i greu babi. Mae semen yn ffrwydro o'r wrethra fel bwled o wn, ac mae'n edrych yn ludiog ac yn glir neu bron yn wyn, er bod y lliw a'r ansawdd yn gallu bod yn wahanol i bawb. Os ydi o'n felyn, yn wyrdd, neu'n drewi, yna mae'n bosib fod gen ti haint neu STI, felly mae'n amser gweld y doctor.

Mae torri dy bidyn yn gwbl amhosib, achos does dim asgwrn ynddo i'w dorri. Ond dyw hyn ddim yn reswm i beidio bod yn ofalus, mae'n bosib gwneud niwed iddo os wyt ti'n rhy... wyllt efo'r pidyn druan.

Mae cym yn beth naturiol, ac yn ôl y sôn, mae'n iach i ddod mwy nag unwaith yr wythnos felly dos amdani!

Ti ddim yn cancelled, ti jest 'di dod yn dy gwsg.
ERIC

RHYNGRYW

Intersex. Nid pawb sydd â chorff sy'n cael ei labelu'n wrywaidd neu'n fenywaidd. Mae rhyngryw yn derm sy'n disgrifio rhywun sy'n cael eu geni efo, neu sy'n datblygu, nodweddion biolegol sydd ddim yn ffitio'r syniad deuaidd o wryw a benyw. Does dim un diffiniad clir o ryngryw; gall gyfeirio at wahaniaeth organau rhyw, rhannau mewnol o'r corff, neu hormonau. Mae tua 1.7% o'r boblogaeth yn cael eu geni'n rhyngryw, tra mae eraill yn datblygu nodweddion rhyngryw yn hwyrach mewn bywyd. Dydi pobl ddim yn gallu dweud dy fod ti'n rhyngryw o dy gyfarfod, yn union fel mae'n amhosib gwybod os yw rhywun yn hoyw neu'n syth o'u cyfarfod.

Mae nifer o bobl rhyngryw yn cael llawdriniaeth orfodol pan maen nhw'n fabanod neu'n blant, gan fod lot o stigma a chywilydd o gwmpas y syniad o beidio bod yn wryw neu'n fenyw. Mae rhai pobl rhyngryw yn brwydro efo teimladau negyddol oherwydd y stigma yma. Ond ni ddylai unrhyw gael eu gorfodi i gael llawdriniaeth heb eu caniatâd llawn.

Os wyt ti'n teimlo dy fod ti'n rhyngryw, yna mae 'na gymuned ffantastig o bobl ar-lein ac ym mhob cornel o'r byd sy'n cynnig cefnogaeth, help llaw, a chyfeillgarwch. Mae 'na restr o adnoddau defnyddiol yng nghefn y llyfr.

TORRI DY **FLEW YN HIR?**

Mae 'na bwysau mawr ar ferched a menywod i gael gwared o'u blew piwbig y dyddiau yma, ond cofia mai dy ddewis di yw hyn. Mae blew yn naturiol, ac mae'r rhan fwyaf ohonom yn ei dyfu – mae'r lliw a'r trwch yn newid o berson i beron. Os nad wyt ti am gael gwared o'r blew, mae hynna'n iawn. Mae rhai pobl yn licio bod yn *au naturel* – ac mi fyddi di'n safio ffortiwn!

Ond os wyt ti am drio rhywbeth gwahanol efo dy flew, mae 'na lu o opsiynau:

Dwi'n caru fy mlew!
OLA

Triongl
Blew ar y top, ond ddim ar y labia majora

Blew Bikini
Blew naturiol ond wedi ei dwtio ar yr ochrau fel bod dim blew yn dangos mewn bikini

Llain glanio
Fel y triongl, ond bod y blew top mewn un llinell denau

Brazilian
Dim blew o gwbl!

Ac os wyt ti'n teimlo'n greadigol, beth am rhain:

Y Mwstásh

Y Fellten

Y Galon

Y Saeth

Y dyddiau yma, mae'n ffasiynol i'r rheiny efo pidyn gael trim bach hefyd, i wneud i'w rhannau preifat edrych yn fwy, yn well neu'n daclusach. Ydi o'n dderbyniol? Ydi, wrth gwrs, ond falle cadwa'n glir o'r *mullets*?

Siafio, crîm neu wacs (proffesiynol yn unig – ti ddim eisiau damwain!), cofia fod croen yn gallu bod yn sensitif, yn enwedig yn rhan yna o'r corff, felly paid gwneud unrhyw beth gwirion, a dilyn y cyfarwyddiadau!

DILYN Y CYFARWYDDIADAU

CYNGOR GAN
SEXPERTS MOORDALE

Pan ddechreuodd Otis a Maeve y clinig, doedd yr un o'r ddau wedi dychmygu'r holl broblemau fyddai'n codi. Oedd y ddau wastad yn gywir? Ymmm... na. Ond roedd ambell ddarn o gyngor yn dda wedi'r cyfan...

> Ti'n methu DEWIS ffansïo rhywun, mae'n amhosib. Ti'n methu trefnu dy emosiwn.

> Weithiau, dydyn nhw ddim yn ffansïo ni 'nôl. Mae'n brifo, ond 'dan ni'n METHU eu gorfodi.

> Defnyddia'r hyn sydd gyda ti.

> Mae pawb yn gwneud camgymeriadau, ond dydyn ni ddim yn bobl ddrwg.

> Ti angen rheoli dy benderfyniadau, yn lle gadael iddyn nhw dy reoli di.

> Mae'n rhaid DERBYN pobl, a'u holl feiau.

> Mae straeon tylwyth teg yn misogynistaidd.

60

Bydd yn ONEST efo bobl, hyd yn oed os mai ti sydd ar fai.

Mae pesimists yn byw yn hirach.

'Dan ni fenywod angen y clit er mwyn cael orgasm.

Mae gen ti ddeg bys, ac un tafod. Defnyddia dy ddychymyg.

Mae dynion yn meddwl efo'u dicks o hyd.

Fi, efo cariad? DIM DIOLCH!

DISGYN AMDANAT TI

Nid anrhegion, barddoniaeth, y lleuad na'r sêr sy'n bwysig pan mae'n dod i gariad. Lwc ydi'r rhan fwyaf ohono. Weithiau ti'n ffeindio rhywun sy'n teimlo 'run fath, ac weithiau ti'n anlwcus. Ond mae 'na saith biliwn o bobl ar y byd yma. Dwi'n gwbod fod un ohonyn nhw am ddringo i'r lleuad, jest i ddangos faint maen nhw'n dy garu.

OTIS MILBURN

DEWIN CARIAD AC ATHRONYDD IEUENGAF MOORDALE

DWI'N HOFFI TI.
YN HOFFI TI GO *IAWN.*

Felly, mae 'na rywun allan yn y byd sydd ar dy feddwl di o hyd. Falle bod ti'n teimlo'n gyffrous pan ti'n gweld nhw, neu falle bod dy stumog yn troelli pan ti'n meddwl amdanyn nhw. Beth bynnag ti'n wneud, ti methu anghofio'r person yma – swnio fel crysh i fi!

Ti'n methu dewis pwy ti'n ffansïo, mae o'n un o gyfrinachau mawr y bydysawd, fel pam bod jam a *peanut butter* yn blasu mor neis efo'i gilydd, neu pam bod ein lluniau pasborts wastad mor uffernol. Falle bod gen ti grysh ar un o selebs mawr Hollywood, neu falle mai rhywun yn yr ysgol sydd wedi mynd â dy fryd – mae cael crysh yn hollol naturiol, yn hwyl ac yn ffordd iach o ddarganfod dy deimladau. Ond mae crysh hefyd yn gallu bod yn brofiad dryslyd ac achosi lot o boen meddwl.

Falle nad wyt ti 'rioed wedi meddwl am dy rywioldeb, ond rŵan ti'n ffansïo rhywun o'r un rhywedd â ti. Ydi hyn yn golygu dy fod ti'n hoyw? Deurywiol? (Dos nôl i bennod dau i ddysgu am rywedd a rhywioldeb.) Mae profi teimladau cryf am rywun o'r un rhywedd â ti yn gallu bod yn rhan naturiol o dyfu i fyny. Wrth i ti ddysgu mwy amdanat dy hun, falle gwnei di benderfynu ar hunaniaeth sy'n dy siwtio di, neu falle nad wyt ti eisiau defnyddio labeli o gwbl.

Does dim ffordd gywir nac anghywir i ddelio efo dy deimladau, ond mae'n gallu bod yn ormod. Os wyt ti'n gallu, beth am siarad efo un o dy ffrindiau gorau, rhywun proffesiynol neu elusen am gyngor a help llaw? Mae 'na restr o adnoddau gwych yng nghefn y llyfr.

> *Pan wnes i ddechrau yn Moordale, ro'n i a Lily'n ffrindiau da. Roedd hi wastad yno i fy helpu, yn enwedig pan wnes i ac Otis orffen. Wnes i ddechrau meddwl amdani hi'n fwy aml, ond do'n i 'rioed wedi ffansïo merch o'r blaen. Y gwir ydi 'mod i wedi teimlo'n reit conffiwsd. Ond wedyn wnes i sylwi bod dim ots gen i, dwi ddim isio cael fy nghyfyngu gan agweddau hen ffasiwn. Dwi'n ffansïo Lily fel person, a dydi o ddim bwys gen i os ydi hi'n ferch neu'n fachgen. Wnes i sylwi 'mod i'n panrywiol, a rŵan dwi'n rhydd i fod yn fi, ac i fod yn falch o fy hunaniaeth.*
>
> **OLA**

Be os ydi'r person ti'n ffansïo yn hoff o *cosplay*? Mi fydden nhw'n siŵr o ddisgyn mewn cariad efo ti os wyt ti'n prynu llwyth o wisgoedd ffansi amrywiol, reit? Wel, na. ==Dylet ti ddim gorfod newid dy hun i gael rhywun i dy ffansïo di.== Mae'n hawdd dilyn dy galon a cheisio gwneud argraff dda ar berson dy freuddwydion. Ond os wyt ti'n dangos dy bersonoliaeth go iawn, ti'n fwy tebygol o glicio efo rhywun a chreu perthynas. Os wyt ti'n ffan mawr o K-pop, yna ti'n fwy tebygol o ffeindio cysylltiad cryf efo rhywun mewn cyngerdd K-pop, na cheisio cogio bach dy fod ti'n ffan o fiwsig pync.

Rhan amlaf, mae dy grysh yn diflannu yn ddirybudd. Un diwrnod mi fyddi di'n glafoerio dros dy hoff seren bop ar y teledu, a'r munud nesaf mi fyddi di'n breuddwydio am y dieithryn gorjys ar y bws.

Does dim rhaid i dy grysh fod yn rhamantus chwaith. Weithiau 'dan ni'n cael crysh ar ffrind, pan 'dan ni'n teimlo'n agos iddyn nhw ac yn eu hoffi fel person. Neu falle ein bod ni'n hoffi eu steil, eu hagwedd, neu'r ffordd maen nhw'n gwneud i ni deimlo.

Mae'n bosib cael crysh digidol hefyd, er nad ydym ni wedi cyfarfod y person wyneb yn wyneb. Ond 'dan ni'n teimlo'n agos iddyn nhw ar ôl Whatsappio nhw cymaint, neu ffonio nhw i siarad mor aml. Mae hyn yn normal ac yn iach, ac mae'r cyfnod clo wedi gwneud hyn yn ffordd boblogaidd o ddod i nabod rhywun.

Ond weithiau, bydd crysh diniwed yn troi'n obsesiwn. Os wyt ti'n teimlo dy hun yn colli rheolaeth, neu'n meddwl am rywun nes ti'n colli dy ffocws, ac yn stopio gweld dy ffrindiau er mwyn cael breuddwydio am dy grysh, yna mae'n amser siarad efo rhywun ac ailfeddwl er mwyn dod yn ôl i'r byd go iawn.

PISHYN, PISHYN,
I BLE WYT TI'N MYND?

Reit, so ti'n ffansïo rhywun a ti'n barod i weld a ydyn nhw'n dy ffansïo di nôl. Y peth cyntaf i'w wneud ydi siarad efo nhw.

Wyneb yn wyneb ydi'r opsiwn gyntaf. Mae siarad efo rhywun yn y cnawd yn ffordd wych o ddod i nabod eich gilydd, ac mae taro i mewn i rywun 'ar ddamwain' yn opsiwn hawdd i ddechrau'r sgwrs. Os nad wyt ti'n teimlo'n gyfforddus yn cyflwyno dy hun, falle bod ffrind yn gallu dy roi di mewn cysylltiad efo nhw.

Wyt ti'n teimlo'n swil neu'n lletchwith wrth feddwl am gwrdd? Wel falle byddai'n haws i ti eu ffonio neu dod i'w nabod dros y cyfryngau cymdeithasol neu decstio. Mae hyn yn rhoi cyfle i ti feddwl am dy ateb cyn ei yrru, heb deimlo'n nerfus! Ond os wyt ti'n cysylltu efo rhywun ar-lein, cofia wneud yn siŵr dy fod ti'n gwybod pwy ydyn nhw – darllena bennod wyth am ragor o wybodaeth am gadw'n saff ar-lein.

Ar ôl dod i'w nabod, beth am gynnig cyfarfod yn rhywle? Os nad oes un ohonoch chi'n gofyn, fydd o byth yn digwydd! Mae rhywun yn gorfod bod yn ddewr.

> *Os wyt ti'n caru rhywun, mae'n rhaid i ti adael iddyn nhw wybod, hyd yn oed os ydi o'n achosi tor calon.*
> **MAUREEN**

PAID Â BOD OFN , **AGOR DY GALON**

Un o'r pethau gwaethaf mewn bywyd yw cael dy wrthod. Trio am le ar y tîm pêl-droed a pheidio cael dy dderbyn, ceisio am swydd a methu, gwneud dy orau i wneud ffrind newydd ond ddim yn clicio – mae cael dy wrthod o hyd yn anodd.

Os wyt ti wir yn hoffi rhywun ac wedi magu'r hyder i ofyn iddyn nhw fynd allan efo ti, mae clywed y gair 'na' yn gallu bod yn boenus. Mae'n teimlo fel bod y byd ar ben, ac fel nad wyt ti'n ddigon da. Ond mae hyn yn rhywbeth sy'n digwydd i bawb. Mae hyd yn oed Beyoncé yn cael ei gwrthod weithiau. ==Y peth pwysig yw cofio nad oes dim yn bod arnat ti, a does dim byd yn bod ar y person sydd wedi dy wrthod chwaith.== Mae ganddyn nhw'r hawl i wneud eu penderfyniadau eu hunain, ac er bod o'n brifo, mae'n rhaid i ti ddelio efo'r boen, derbyn y canlyniad, a symud ymlaen.

SGEN TI **SWS I MI?**

O, mae rhamant yn gallu bod yn anodd, a dyma un o'r penderfyniadau anoddaf – y gusan gyntaf. Os mai hon yw dy gusan gyntaf erioed, neu'r gusan gyntaf efo cariad newydd, mae'n bosib y byddi di'n llawn nyrfs a chyffro.

Pryd ddylech chi gusanu am y tro cyntaf? Wel, does dim ateb cywir. Os dach chi'ch dau yn teimlo'n barod, wel ewch amdani. Cofia eu bod nhw'n siŵr o deimlo'r un mor nerfus â thi. Y peth gorau i'w wneud yw ymlacio a cheisio ei fwynhau. Ac os ydi pethau'n mynd o'i le, ac yn diweddu mewn *headbutt* a chlais mawr ar dy dalcen? O wel! Mi fydd hi'n stori dda i chi gael chwerthin am y peth yn y dyfodol.

Os ydyn nhw'n ceisio dy gusanu, ond ti ddim yn y mŵd, paid teimlo pwysau i wneud. Bydd yn onest a dweud y gwir wrthyn nhw – sori, dwi ddim ffansi cusanu heddiw.

BE SY'N GWNEUD **DÊT DA?**

A nawr mae'n amser i ti fynd ar dêt. Wel, am gyffrous. Ond nid jest dewis y lle gorau am bitsa yn dre sy'n bwysig, cofia. Wrth gynllunio dêt da, meddylia am le sy'n dy siwtio di a dy ddêt orau. Lle fyddwch chi'n teimlo'n gyfforddus? Ydi'r lle'n groesawgar i'r gymuned LHDT+? Oes angen cysidro llefydd hygyrch o ran mynediad? Oes 'na ffordd saff i gyrraedd a gadael y lleoliad?

Bwriad pob dêt yw gallu ymlacio a mwynhau efo'ch gilydd. Paid rhoi pwysau ar dy hun i drefnu'r dêt perffaith, achos dydi o ddim yn bodoli. Be sy'n swnio orau i ti, pryd o fwyd chwe chwrs wedi ei ysbrydoli gan fiwsig Lady Gaga, neu *kebab* a Coke? Mi fydd y dêt gorau yn rhywbeth dach chi'ch dau yn ei hoffi – a dim ond chi sy'n gallu gwneud y dewis!

> *Pan es i ac Adam ar ddêt dwbl efo Otis a Ruby, o'dd o mor lletchwith i ddechrau. O'n i methu aros i'r holl beth orffen. Ond wedyn allan o nunlle, wnaeth Adam a Ruby ddechrau bondio am y Kardashians! Eh? Mae pobl yn fy synnu i bob dydd.*
> **ERIC**

Y CWESTIWN
MAWR

Ar ôl dêtio rhywun am amser hir, mi fyddi di'n teimlo fel bod dy ben yn y cymylau. Neu falle y byddi di'n poeni fod pethau ddim am weithio allan, a ti'n ysu i gael ymlacio. Ond sut mae ymlacio pan mae pethau dal yn ansicr?

Mae pob perthynas yn wahanol, a'r un peth sy'n helpu yw amser. Yn y pen draw, mi fyddi di'n sylwi un ai fod y berthynas yma ddim yn dy siwtio di, neu mai dyma'r person perffaith i ti.

Jest cofia bod pawb ddim wastad yn yr un lle, yn emosiynol. Falle fydd un ohonoch eisiau gwneud pethau'n swyddogol cyn y llall, ac mae hynny'n ocê. Dydi hyn ddim yn golygu diwedd y byd. Does neb yn gwybod be sydd rownd y gornel, ac mae ein teimladau ni'n gallu newid bob dydd, felly ara deg mae dal iâr. Paid â brysio, mwynha bob dydd efo'r person yma a gei di weld lle fydd pethau'n mynd. Does dim angen rhoi pwysau ar eich gilydd i fod yn gariadon.

Ond os wyt ti'n methu stopio meddwl am fabis a phriodi yn yr wythnos gyntaf o ddêtio, jest cymra saib i feddwl am y person arall. Does dim byd yn bod ar freuddwydio am eich dyfodol, ond falle bod o'n syniad da i gadw'r freuddwyd i ti dy hun am y tro.

> *Mae ymrwymo i rywun*
> *yn syniad dychrynllyd*
> *weithiau.*
> **JEAN**

CALON!
TYRD I GARU

Cariad – y gair mawr a sgeri. Sawl ffilm, cerdd neu gân sydd wedi cael eu sgwennu am gariad? Ond beth ydi'r teimlad newydd, od yma?

Mae'n anodd diffinio cariad, ac mae'n fwy na dim ond cariad rhamantus. Gall gyfeirio at y cariad rhwng ffrindiau neu aelodau o'r teulu, anifeiliaid anwes, neu gariad at dy hoff awdur neu seleb. Mae'r rhain i gyd yn wahanol, ond mae un llinyn cyffredin. Mae'n deimlad cynnes tu mewn i ni.

Mae cariad yn golygu pethau gwahanol i bobl wahanol, a does dim ateb cywir. Y cariad ti'n teimlo yw'r diffiniad cywir i ti.

> *Dwi'm yn meddwl bod unrhyw un yn deall cariad, ond 'dan ni'n nabod y teimlad.*
> **JEAN**

Does dim amser cywir i ddweud 'dwi'n dy garu di', ond mi fyddi di'n gwybod pan ti'n barod. Mae pob perthynas yn unigryw, a gall gymryd dyddiau, wythnosau neu fisoedd i ddweud y geiriau, neu falle wnei di fyth ei deimlo gyda'r person yma.

RHAMANT

Mae rhai pobl yn dweud y geiriau gyda bwnsh mawr o flodau neu focs o siocled, ac eraill yn eu dweud heb hyd yn oed meddwl. Jest cofia, does dim ffordd o gymryd y geiriau yn ôl unwaith maen nhw wedi cael eu dweud.

Mae'n risg, yn enwedig i'r person sy'n penderfynu mynd gyntaf, ond weithiau mae angen cymryd risg i fod yn hapus. Os nad ydyn nhw'n dweud y geiriau yn ôl, falle ei bod hi'n rhy gynnar iddyn nhw ar y funud, a bod nhw angen amser i ddatblygu teimladau o gariad. Ond mae'n rhaid i ti baratoi dy hun i glywed nad ydyn nhw'n teimlo'r un peth.

> *Ges i sioc pan wnaeth Ruby ddeud wrtha i bod hi'n fy ngharu. Falle fod hynny'n amlwg o'r hyn wnes i ddeud nôl – 'Am neis'. Wps. Ond do'n i methu deud o nôl. Do'n i ddim yn teimlo'r un fath, ac mi fyddai wedi bod yn annheg i ddeud clwyddau wrthi. Dylwn i fod wedi deud rhwbath gwell na 'am neis', ond dwi ddim yn gallu meddwl yn gyflym pan dwi dan bwysa. Y peth pwysicaf yw mod i wedi siarad ac esbonio popeth wrthi hi wedyn. Mae gonestrwydd yn mynd yn bell.*
> **OTIS**

Os nad wyt ti'n teimlo'r cariad 'na'n llifo drwy dy waed, bydd yn onest. Mi fydd o'n well yn y tymor hir, ac mi fydd o'n teimlo'n brafiach i ti pan ti'n gallu dweud y geiriau, a'u golygu nhw.

> Ti'n gwbod mewn rom-coms, pan ma'r boi yn sylwi bod o mewn cariad efo'r ferch, ac mae o'n mynd i'w thŷ hi efo boom-box yn chwarae ei hoff gân ac mae pawb yn y sinema yn meddwl bod o mooor rhamantus? Ych, ma hynna'n gneud i fi deimlo'n sâl.
> **MAEVE**

AMSER DWEUD **HWYL FAWR**

Sori am swnio'n negatif, ond does dim ffordd o osgoi tor calon yn ein bywydau. A phan fydd o'n digwydd i ti, mi fydd o'n teimlo fel bod y byd ar ben. Mae gorffen efo dy gariad yn boen cwbl unigryw, ac mae o'n brifo. Mae o fel sticio nodwydd fawr yn y rhan mwyaf sensitif ohonot, ac mae'n gallu gwneud i ti gwestiynu popeth – hyd yn oed dy werth. Mi fyddi di'n holi dy hun, 'be sy'n bod efo fi' drosodd a throsodd ac yn methu ffeindio'r ateb.

Achos does 'na ddim ateb cyflym i dor calon. Mae siarad efo dy ffrindiau, sgwennu am dy deimladau, a chrio dros dy hufen iâ i gyd yn iach ac yn gallu helpu. Y peth gwaethaf i'w wneud yw cloi dy holl deimladau mewn bocs a'u cuddio o dan y gwely. Mae delio efo dy emosiynau yn boenus i ddechrau, ond mae'n dy helpu i wella. A'r unig beth fydd yn lleddfu dy galon ydi amser. Un diwrnod, wnei di ddeffro yn y bore a sylwi dy fod ti'n teimlo fel ti dy hun eto.

Os wyt ti mewn perthynas efo rhywun sy'n dy garu, a ti ddim yn teimlo 'run fath, mae'n rhaid i ti ddweud wrthyn nhw. Dydi o ddim yn deg i aros efo nhw achos bod o'n haws na chael y sgwrs anodd. Mae'n rhaid i ti ddweud y gwir.

> Un diwrnod, mae'n bosib y byddi di'n cyfarfod rhywun ti'n eu ffansïo, ac y bydd y ddau ohonoch yn cytuno i gadw pethau'n *casual*, heb anelu at fod mewn perthynas ffurfiol. Cyn belled â'ch bod chi'n hapus, a bod 'run ohonoch yn gobeithio'n dawel bach y bydd pethau'n datblygu i fod yn fwy siriys, does 'na'm byd yn bod ar gael hwyl. O leiaf mi fydd gen ti *back-up* i fynd efo chdi i'r parti nesaf.

Ni wedi bod yn gafael dwylo am bron i 45 munud nawr. Fi isie ffwrcho.
LILY

Dydi aros mewn perthynas anhapus ddim yn beth iach i ti chwaith. Ti'n gallu bod yr un mor hapus (neu'n fwy hapus) ar ben dy hun – darllena bennod un ar ddeg am ragor o wybodaeth. A cofia, ti ddim isio colli'r cyfle i gyfarfod rhywun sbesial, rhywun fyddi di YN gallu eu caru. Felly **dympia nhw** ond paid a bod yn *dick* am y peth.

Ghostio nhw ✖

Gyrru neges ✖

Blocio nhw ar socials ✖

Postio llun o ti a dy gariad newydd a gobeithio bod nhw'n cael yr hint ✖

Gofyn i ffrind adael iddyn nhw wybod ✖

Siarad wyneb yn wyneb ✔

Os mai ti sy'n penderfynu gorffen pethau, tria wneud hynny wyneb yn wyneb. Neu os dach chi'n caru o bell, gwna hyn dros alwad ffôn neu fideo. Esbonia sut ti'n teimlo yn ofalus – sgwenna fo lawr os oes angen – a rho gyfle iddyn nhw ofyn cwestiynau. Dwyt ti ddim eisiau iddyn nhw adael heb ddeall dy resymau. Falle fydd o'n brifo mwy yn y foment, ond mi fydd y gonestrwydd a'r gofal yn eu helpu i wella.

Os wyt ti'n debygol o'u gweld nhw o gwmpas, yna trïwch efo'ch gilydd i osod cynllun ar sut i ymddwyn y tro nesa, fel bod pethau ddim yn rhy lletchwith. Paid â rhoi pwysau arnyn nhw i aros yn ffrindiau os ydyn nhw angen amser i'w hunain. Rho ddigon o le iddyn nhw, a falle un diwrnod fydd hi'n bosib bod yn ffrindiau eto.

> Sut bo' ni 'run oed, ond ti mor gall? Ti'n atgoffa fi o Mam, ond fel fersiwn bach mini. Mini mam bach.
> **JACKSON**

Os ydyn nhw'n gofyn am lonydd, mae'n bwysig parchu hynny. Mae'n anodd os wyt ti'n dal i'w hoffi, ond mae'n rhaid derbyn bod y berthynas drosodd. Paid tecstio, ffonio, na mynd i'w gweld. Os ydi dy gyn-gariad di'n gwrthod gadael llonydd i ti, yna siarada efo dy ffrindiau neu deulu am gefnogaeth. Os ydyn nhw'n parhau, yna mi fedri di ddweud wrth yr heddlu.

Ond y cyngor pwysicaf un?!

Cadwa draw o'r *post-break-up haircut*!
Mi wnei di ei ddifaru!

Pan ti'n caru rhywun, mae 'na ran fach ohonot sydd wastad yn poeni am eu colli nhw.
MAUREEN

CHWARAE'N TROI'N
CHWERW

Yn anffodus, dyw pob perthynas ddim yn fêl i gyd, yn gwtshys ar y soffa neu'n tagio nhw mewn lluniau ciwt. Weithiau mae pethau'n gallu troi'n sur, ac mae'n bosib ffeindio dy hun yn cael dy gam-drin gan dy gariad.

Mae dau brif fath o gamdriniaeth o fewn perthynas – emosiynol a chorfforol. Gall camdriniaeth emosiynol fod yn gynnil ac mae'n anodd sylwi arni nes ei bod hi'n rhy hwyr. Mae camdrinwyr yn dinistrio dy hunanhyder dros amser, ac yn dy *gasleitio* – ymddygiad sy'n gwneud i ti gwestiynu dy hun ac ymddiheuro am bethau dwyt ti heb eu gwneud. Dyma sut maen nhw'n dechrau rheoli dy fywyd.

Unwaith maen nhw'n gallu dy reoli, byddan nhw'n ceisio rheoli pob agwedd o dy fywyd. Nhw fydd yn penderfynu ar dy ddillad bob dydd, neu mi fydd rhaid i ti ofyn am ganiatâd cyn gweld dy ffrindiau. Mae dy bellhau oddi wrth ffrindiau a theulu yn un o brif dactegau camdrinwyr, nes dy fod ti'n dibynnu arnyn nhw'n llwyr am bopeth.

Mae camdriniaeth gorfforol yn golygu bod rhywun yn dy frifo. Oherwydd bod camdriniaeth emosiynol a chorfforol yn gallu dod law yn llaw, mae'r rheiny sy'n dioddef yn aml yn beio eu hunain am y gamdriniaeth. Maen nhw'n perswadio eu hunain y byddai popeth yn iawn petaen nhw'n llai *annoying*, llai fflyrti neu llai twp. Ond dydi hyn ddim yn wir. Os wyt ti'n dioddef, nid dy fai di ydi o. Ac mae'n hollbwysig dy fod ti'n cael help i adael.

Ar ôl dy gam-drin yn gorfforol, mae'n bosib bydd dy gariad yn ymddiheuro ac yn bod yn annwyl efo ti, gan addo na fydden nhw fyth yn dy frifo eto. Paid â'u coelio. Hyd yn oed os ydyn nhw'n dy frifo di unwaith, mae hyn unwaith yn ormod, ac mae'n fwy na thebyg y bydden nhw'n ei wneud eto.

Y gwir amdani yw na fydd camdrinwyr byth yn newid. Maen nhw'n perswadio eu hunain eu bod nhw'n bobl dda, a dydyn nhw ddim yn gwybod sut i ymddwyn yn wahanol. Beth bynnag yw'r broblem sydd wedi achosi hyn, nid dy le di yw ei datrys. Maen nhw angen help proffesiynol, ac mae dy iechyd meddwl a chorfforol di'n bwysicach o lawer.

Mae'n anodd iawn gadael perthynas dreisiol. Falle dy fod ti wedi perswadio dy hun fod pethau'n ocê, neu falle fod dy hunanhyder mewn darnau. Ond dydi camdriniaeth mewn unrhyw ffordd ddim yn iawn. Mae 'na ffordd allan i ti, hyd yn oed os yw pethau'n edrych yn anobeithiol rŵan. Os nad oes unrhyw un yn dy fywyd sy'n gallu helpu, mae 'na elusennau sy'n gallu dy helpu yn ddienw dros y ffôn. Os wyt ti mewn perygl, yna ffonia'r heddlu yn syth.

SIARADA HELPU

Ti sy'n bwysig, ti a dy ddiogelwch yw dy flaenoriaeth bob amser.

BYDD WYCH, BYDD DDA,
BYDD SENGL

Ie, ie, mae bod yn sengl yn gallu teimlo'n unig pan mae pob ffrind mewn perthynas hapus, ac yn rhoi eu lluniau *soppy* ar eu *stories*. Yn enwedig tra dy fod di adre'n gwylio *Rownd a Rownd* efo dy rieni, ac yn gobeithio bydd dy grysh yn gyrru neges atat i ddweud mai ti yw'r un.

Ond yn anffodus, dydi o byth mor hawdd â hynny. A dyna pam mae angen amser ar ben dy hun, i ddysgu pwy wyt ti tu hwnt i berthynas.

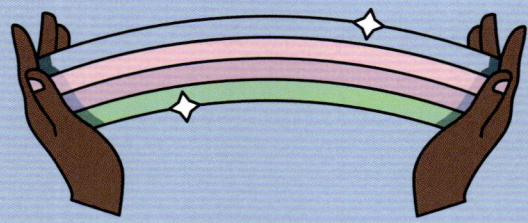

Achos mae bod yn sengl yn gallu bod yn lot o hwyl! Mae 'na filoedd ar filoedd o bobl yn dewis bod yn sengl, ac maen nhw'n hapus yn bod yn annibynnol. Does dim angen cariad i deimlo'n gyflawn, achos ti'n ddigon ar ben dy hun.

A trystia fi, ==mae lot gwell bod yn sengl na mewn perthynas anhapus.== Os wyt ti'n defnyddio dy holl egni yn trio cadw perthynas anhapus i fynd, yna fydd gen ti ddim egni ar ôl i fod yn hapus dy hun!

Mae 'na lwythi o adnoddau ar-lein sy'n rhoi gwybodaeth ar hunanhyder a chariad, achos mae'n wir bod y ddau yn dod law yn llaw. Darllena'r rhestr o wefannau yng nghefn y llyfr yma os wyt ti am ddysgu mwy. Achos os wyt ti am gael perthynas iach, mae'n rhaid i ti ddysgu am y berthynas bwysicaf un yn gyntaf – sef yr un efo dy galon dy hun.

> *Wnaeth Eric ddeud wrtha i 'Mae'n anodd licio rhywun sydd ddim yn hoffi eu hunain', a naeth hynny frifo. Ond ro'n i'n gwbod fod o'n iawn. Mae dangos emosiwn yn anodd i fi, a dwi dal yn trio dod i ddeall fy hun. Dwi'n trio bod yn neisiach efo fy hun, ond dydi o ddim wastad yn hawdd. Dwi isio bod mewn perthynas efo Eric, ond mae'n rhaid i fi ddysgu caru a derbyn fy hun yn gyntaf.*
> **ADAM**

Yn y pen draw, dwyt ti'n methu dibynnu ar rywun arall i wneud i ti deimlo'n dda. Mi fyddi di'n mynd rownd a rownd mewn cylchoedd am byth, heb ddysgu caru dy hun. Os wyt ti'n gallu dysgu bod yn hapus ac yn fodlon tra dy fod yn sengl, yna mi fyddi di ar y llwybr cywir.

FEL HYN
AM BYTH

Dychmyga mor hawdd fyddai bywyd petai cariad a rhamant yn dod efo cyfarwyddiadau, fel dodrefn IKEA. Os wyt ti'n teimlo pryder, ansicrwydd, ofn neu amheuaeth at gariad, croeso i'n byd ni. Mae pawb yn teimlo fel'na weithiau, a'r cwbl fedrwn ni ei wneud ydi trio'n gorau a dysgu ar hyd y daith.

Weithiau mi fydd pethau'n boenus, anodd neu'n ddryslyd, a falle bod hyn yn swnio fel *cliché*, ond gyda'n gilydd, gam wrth gam, fe wnawn ni ddysgu a thyfu.

PARCH **YW POPETH**

Beth bynnag yw dy berthynas di efo rhywun, maen nhw'n sicr o fod eisiau un peth, sef

Ti sy'n gyfrifol am dy ymddygiad tuag at bobl eraill, ac mae'n rhaid i ti fel unigolyn benderfynu sut i'w trin. Ydi dy ymddygiad di'n addas ac yn barchus? Achos mae'n bwysig cofio parchu pawb, nid jest dy ffrindiau a dy gariad. Mae'n annerbyniol gweiddi ar bobl ar y stryd, gwneud sylwadau anaddas, a cheisio bygwth, codi cywilydd neu wneud ffŵl o bobl. A dyw dweud

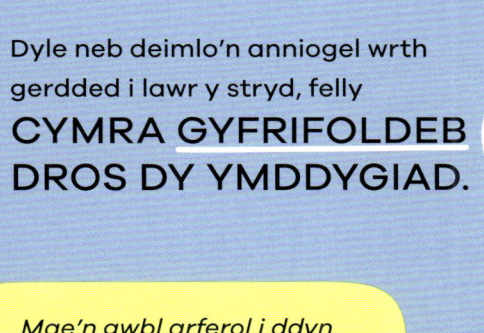

JEST JÔC YDI O!

ddim yn esgus.

Weithiau mi fyddi di'n teimlo pwysau i ffitio mewn efo'r gang, ond mae ymddygiad amharchus yn niweidio pawb, gan gynnwys ti dy hun.

Dyle neb deimlo'n anniogel wrth gerdded i lawr y stryd, felly **CYMRA GYFRIFOLDEB DROS DY YMDDYGIAD.**

Mae'n gwbl arferol i ddyn ifanc ddyheu am fenyw hŷn. Ac wrth gwestiynu ei ddewis, ti'n bwydo mewn i naratif drwg am wrywdod canol oed.
JEAN

DWI'N DEFNYDDIO CADAIR OLWYN...
OES OTS?

Mae pobl o hyd yn fy marnu i cyn dod i fy nabod. Weithiau mae'n brifo, ond weithiau fydda i'n chwerthin. Ambell dro, mi fyddai'n gwneud storis hurt efo rhesymau gwirion am pam mod i'n defnyddio cadair olwyn – ac maen nhw'n fy nghoelio bob tro! Dyma'r rai o'r pethau mae pobl yn meddwl amdana i ar ôl fy ngweld.

1 Dwi'n swil
Mae'n eitha' amlwg pam 'mod i ddim. O gwbl.

2 Dylwn i fod yn swil
Mae fy mhersonoliaeth i'n fwy na jest cadair olwyn. Dwi'n swnllyd, dwi'n deud be sydd ar fy meddwl, a dwi'n licio cael hwyl, yn union fel pawb arall. Dydi'r gadair olwyn ddim yn fy niffinio i.

3 Mae fy mywyd i'n ddiflas
Y peth anhygoel am gadair olwyn ydi bod hi'n symud! Dwi'n mynd i siopa, cyfarfod ffrindiau, ac mae gen i lwyth o ddiddordebau fel darllen a peintio.

4 Fedra i ddim gwneud unrhyw beth fy hun
Ydw, dwi angen help weithiau – jest fel unrhyw un arall – ond dwi'n gallu gwneud bron i bopeth fy hun. A does 'na ddim byd yn bod ar ofyn am help, beth bynnag. Ti'n trio deud wrtha i fod ti'n golchi dy ddillad, neu'n coginio dy fwyd i gyd dy hun?

5 Mae fy ffrindiau i gyd yn anabl
Weithiau mae'n neis gallu siarad efo pobl sy'n wynebu'r un heriau â fi, ond does dim rhaid bod yn anabl i fod yn ffrind i fi! Dwi'n ffrindiau efo pobl dwi'n licio, yn union fel pawb arall.

6 Dwi'n gorfod ateb pob cwestiwn am fy anabledd

Dwi'n siŵr fod gen ti gwestiynau i'w holi, ond dwi wedi colli cownt ar faint o bobl sydd wedi holi 'be ddigwyddodd i ti?' Cym on, mae 'na bethau mwy diddorol i'w holi. Os oes gen ti gwestiynau, tria wneud 'chydig o ymchwil yn gyntaf, neu ofyn a ydi'r person yn hapus i ateb cwestiynau am anabledd cyn dechrau eu holi'n dwll! Os ydyn nhw'n dweud na, mae'n rhaid i ti barchu hynna. Cofia fod y cwestiynau yma'n bersonol iawn – sut fyddet ti'n teimlo taswn i'n gofyn i ti am dy hanes meddygol?

7 Dwi ddim yn meddwl am secs

Ha ha – *as if*!

8 Dwi ddim yn gallu cael secs

Dwi'n gallu, a dwi yn! Dydi pawb ddim 'run fath – mae rhai pobl yn methu gwneud popeth, neu mae ambell berson yn methu cael codiad. Ond dydi hynna ddim yn golygu bod nhw'n methu mwynhau secs mewn gwahanol ffyrdd. Mae'n gyfle gwych i arbrofi a bod yn greadigol! Cofia fod secs yn gallu bod yn wahanol i bawb.

9 Dwi mond yn ffansïo pobl anabl

Mae hyn fel dweud 'mod i ond yn ffansïo rhywun os ydi eu henw nhw'n cychwyn efo 'I' fel fi. 'Di o jest ddim yn gwneud synnwyr. Dwi'n ffansïo Maeve achos bod hi'n hwyl, cŵl a hollol gorjys. Syml, 'de!

10 Dylwn i fod yn ddiolchgar pan mae rhywun yn fy ffansïo i

Yndw, dwi'n defnyddio cadair olwyn, ond dydi hynny ddim yn golygu bod rhaid i fi ddiolch i bobl sy'n fy ffansïo i. Wedi'r cyfan, dwi'n olygus, dwi'n ddoniol, dwi'n glyfar, a dwi'n gariad da iawn.
Sdim mwy i'w ddweud – dwi'n berffaith!

RHO UN I MI! SECS A PHLESER

Os wyt ti wrthi'n barod, yn meddwl amdano, neu'n bwriadu aros am rai blynyddoedd, mae'n bwysig gwybod digon am s-e-c-s.

Gwers rhif un yw hyn; er bod y dosbarth ABACh yn yr ysgol yn ddiffygiol, ac yn dy ddysgu bod secs yn rhywbeth cywilyddus, dydi o ddim. Does dim angen teimlo unrhyw embaras, achos mae secs yn rhywbeth cwbl naturiol. Mae meddwl amdano, siarad amdano, a'i wneud o yn ran o natur.

Mae pleser rhywiol wedi bodoli erioed, er falle nad yw pobl wastad wedi siarad amdano'n gyhoeddus. Ond mae pob twll a chornel o secs yn ran o gylch bywyd. Meddwl am y peth. Heb secs

fydden ni ddim yn bodoli.

'RIOED WEDI GWNEUD **HYN O'R BLAEN**

Ti efo rhywun, a ti'n licio nhw. Fel, *proper* licio nhw. Ti'n meddwl bo' chi'n barod i gymryd y cam nesaf. Ond be mae hynny'n feddwl, ac wyt ti'n barod go iawn?

Mae pawb yn wahanol, ac yn symud ar gyflymder gwahanol, ond dyma rai pethau i'w cofio wrth feddwl am secs.

1 Does dim rhaid cael secs i deimlo'n agos at rywun. Mae cusanu, cwtsio a threulio amser efo'ch gilydd yr un mor bwysig ar gyfer perthynas.

2 Dydi secs ddim yn golygu 'mynd yr holl ffordd'. Mae unrhyw beth sy'n dy gyffroi di'n rhywiol yn brofiad o secs. Mae digon o opsiynau i arbrofi, a does dim rhaid gwneud popeth mewn trefn gywir nac o fewn amser penodol. Gwna be sy'n gwneud ti a dy bartner yn gyfforddus, pan fyddwch chi'n barod. Mi fyddwch chi'n siŵr o fwynhau os ydych chi'n cymryd eich amser.

3 Mae'n bwysig bod y ddau bartner yn barod ac yn awyddus cyn unrhyw brofiad rhywiol. Paid gadael i unrhyw un roi pwysau arnat ti, a phaid rhoi pwysau ar unrhyw un arall. Y gôl yw mwynhau a theimlo pleser, felly mae angen i bawb fod yn hapus

4 Yr unig adeg 'cywir' i gael profiad rhywiol yw unwaith rwyt ti'n barod. Nid pan mae dy bartner yn barod, nid pan mae dy ffrindiau'n barod. Gyda llaw, mae lot o bobl yn dweud celwydd am eu profiad o secs. Mae'r rheiny sy'n brolio'n uchel am eu holl brofiadau yn debygol o fod yn eitha dibrofiad, ond yn trio swnio'n cŵl. Cymera dy amser. Yr adeg gywir i ti yw ar ôl i ti ddysgu a meddwl amdano'n iawn, a phenderfynu drosot ti dy hun.

5 Nid ras yw cael profiad rhywiol. Does dim angen brysio i gael secs cyn oedran penodol, a does dim *countdown*. Mae lot o bobl yn cael secs am y tro cyntaf pan maen nhw'n hŷn, neu'n penderfynu peidio o gwbl. Does dim gwobr am ddod yn gyntaf (lol).

6 Mae'r syniad hen ffasiwn o fod yn *virgin* yn un eitha cul, sef cyfeirio at secs treiddiol (*penetrative*) rhwng gwryw a benyw. Dyw hyn ddim yn berthnasol i nifer o gyplau, felly cofia bod secs yn rhan o sbectrwm eang o brofiadau gwahanol.

CYDSYNIAD
– MAE'N SYNIAD DA

Reit 'ta, mae'n amser trafod cydsyniad, un o'r pethau pwysicaf wrth drafod secs.

Ym Mhrydain, oedran cydsyniad rhywiol yw un ar bymtheg, felly os wyt ti'n iau nag un deg chwech, rwyt ti'n rhy ifanc i gydsynio i gael secs. Mae'r oedran yn amrywio o wlad i wlad, felly gwna ymchwil i weld pa gyfreithiau sy'n effeithio arnat ti. Mae'n syniad da i ddysgu am gydsyniad a'r gyfraith, i amddiffyn dy hun ac eraill.

Mae cydsyniad rhywiol yn golygu dy fod ti a dy bartner yn cytuno i gael profiad rhywiol, boed hynny'n gusanu, cyffwrdd neu'n fwy. Mae'r ddau ohonoch yn dewis drosoch chi'ch hunain, ac yn hapus. Yn ystod y profiad, mae'n syniad i wneud yn siŵr fod dy bartner dal yn hapus i barhau, a *vice versa*.

Mae cydsyniad yn angenrheidiol, ac mae'n fwy na dweud

IA neu NA.

Mae'n bwysig darllen yr arwyddion bob amser.

Wyt ti'n cymryd sylw o'u hiaith gorfforol, cyswllt llygaid, a mynegiant wyneb?

Ydyn nhw'n dangos cydsyniad brwdfrydig yn y ffordd maen nhw'n symud neu'n edrych arnat ti?

Ydyn nhw'n dangos arwyddion positif o fwynhau'r profiad a theimlo'n gyffforddus?

Neu ydyn nhw'n edrych yn anghyfforddus?

Ydyn nhw'n dawel, yn edrych yn nerfus neu'n anesmwyth?

Cofia mai na yw na, ac mae'n rhaid i ti barchu hynny.

FI BIA FY FAGINA

Yng nghanol cael secs, mae dweud 'stop' neu esbonio dy fod ti'n anghyfforddus yn gallu teimlo'n amhosib. Ond mae'n bwysig dweud yr hyn sydd ar dy feddwl. Cofia edrych am arwyddion o hyn yn dy bartner hefyd. Falle eu bod nhw wedi cytuno i rywbeth achos eu bod nhw o dan bwysau, ond mae eu corff nhw'n gweiddi NA. Os nad wyt ti'n siŵr, jest hola'r cwestiwn, wyt ti dal isio gwneud hyn? Mae cyfathrebu a gonestrwydd yn hollbwysig.

SIARADA. MAE'N HELPU

Falle dy fod ti mewn perthynas â rhywun, ond dyw hyn ddim yn golygu bod rhaid gwneud yr hyn maen nhw eisiau ei wneud. Ac os wyt ti'n cytuno i rywbeth unwaith, does dim rhaid i ti ei wneud eto.

Ti sydd berchen dy gorff, a does dim hawl gan unrhyw un i'w gyffwrdd heb dy ganiatâd. Mae cyffwrdd heb gydsyniad yn ymosodiad ac yn erbyn y gyfraith. Am ragor o fanylion am hyn, cer i bennod naw.

BETH YW'R **TEIMLAD**

Mae teimlo cyffro wrth feddwl am secs yn gwbl naturiol, a gall dy daro unrhyw bryd, unrhyw le. Fedri di ddeffro un bore yn teimlo'n *horny* a methu meddwl am unrhyw beth arall drwy'r dydd. Neu falle dy fod ti'n pasio rhywun ar y stryd sy'n rhoi'r *teimlad* 'na i ti. Un ffordd iach o ddelio efo hyn yw pleseru dy hun, neu fastyrbio.

Am amser hir iawn, roedd mastyrbio'n cael ei weld fel rhywbeth i ddynion yn unig. Fel petai hanner y boblogaeth yn rhy sidêt i bleseru eu hunain. Wel, mae hynny'n bell o fod yn wir! Er bod trafod dynion yn mastyrbio yn rhywbeth reit gyffredin (wrth wylio ffilms, mi fedri di gyfri mwy o jôcs am ddynion yn mastyrbio na sydd 'na o gymeriadau benywaidd) mae pleseru dy fagina dy hun yn cael ei drin fel cyfrinach fawr. Mae o dal yn dabŵ, fel tasai'r peth yn gywilyddus. **Ond nid mwyach!**

> *Fi 'di bod yn wancio drwy'r nos. Fi 'di bwyta llond pac o hobnobs, a ma fy nghlit i bron syrthio i ffwrdd. Ond fi'n gwybod be fi isie nawr.*
> **AIMEE**

Dyw rhai pobl ddim yn mwynhau pleseru eu hunain, ac eraill yn penderfynu peidio, ac mae hynny'n iawn – mae hyn yn ddewis personol i bawb. Ond os wyt ti ffansi rhoi go arni, a dod i nabod dy hun, waeth beth yw dy oedran, dy ryw, a dy rywedd.

Mae pleseru dy hun yn rhoi cyfle i ti ddysgu be ti'n ei hoffi a be ti'n ei gasáu. Ac mae'n gallu rhoi'r hyder i ti fynd ar ôl yr hyn ti eisiau wrth gael secs gyda phartner. Wedi'r cyfan, os nad wyt ti'n gwybod beth yw'r teimlad ti'n ei hoffi, mae'n amhosib gofyn amdano. Ac wrth gwrs, os wyt ti'n teimlo'n *horny* yn y dyfodol, mi fyddi di'n gallu rhoi help llaw fach i dy hun...

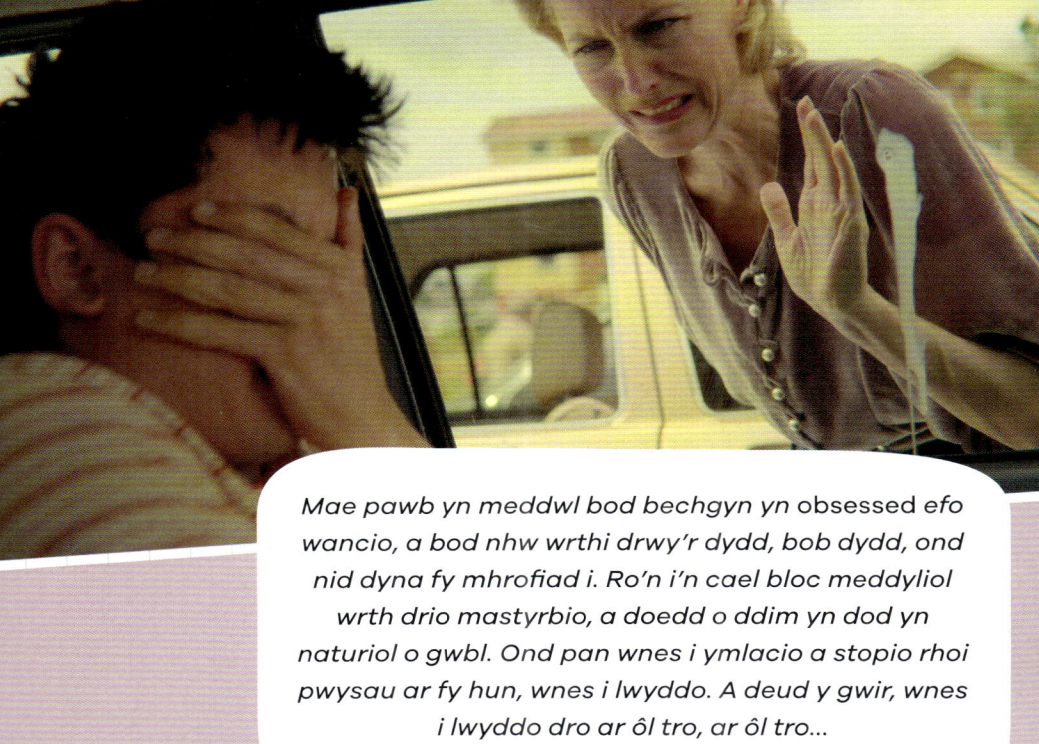

Mae pawb yn meddwl bod bechgyn yn obsessed *efo* wancio, a bod nhw wrthi drwy'r dydd, bob dydd, ond nid dyna fy mhrofiad i. Ro'n i'n cael bloc meddyliol wrth drio mastyrbio, a doedd o ddim yn dod yn naturiol o gwbl. Ond pan wnes i ymlacio a stopio rhoi pwysau ar fy hun, wnes i lwyddo. A deud y gwir, wnes i lwyddo dro ar ôl tro, ar ôl tro...
OTIS

Y **TRO CYNTAF UN**

Mae pob profiad rhywiol yn wahanol, os ydi o'n dro cyntaf neu'n dro cyntaf efo partner newydd. Ond dyma rai pethau i'w hystyried.

Mae rhai pobl yn treulio blynyddoedd yn meddwl am eu tro cyntaf, ac eraill yn cael secs am y tro cyntaf yn y foment. Does dim ots pa un wyt ti'n ei wneud, belled bod o'n teimlo'n iawn i ti.

Os wyt ti'n teimlo unrhyw boen (y tro cyntaf neu unrhyw dro arall), stopia am eiliad, a tria newid be dach chi'n ei wneud. Os oes gen ti fagina a ti'n teimlo poen, ond ti eisiau teimlo rhywbeth tu mewn i ti, mae'n bosib bod angen mwy o *lubrication* i leihau'r rhwbio. Gall hyn fod yn *lube* o botel, neu'n naturiol o deimlo mwy o gyffro. Dylai poen ddim bod yn rhan o secs.

Fydd o ddim fel secs yn y ffilms. Ddim o gwbl. Ddim eto, beth bynnag. Ond dal i ymarfer, a ti byth yn gwybod!

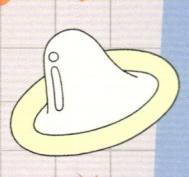

Mae angen cael secs saff. Mae'n bosib beichiogi hyd yn oed wrth gael secs y tro cyntaf. Ac os yw dy bartner di wedi cael secs o'r blaen, dwyt ti ddim eisiau cymryd y risg o ddal STI. Mi fydd y ddwy bennod nesaf yn dysgu popeth i ti am secs saff.

'RUN HEN BETHAU
SY'N POENI PAWB

Does 'na ddim ffordd gywir nac anghywir i gael secs, neu i fwynhau profiadau rhywiol. Fel popeth arall mewn bywyd, mae'n dibynnu ar yr unigolion. Dyw'r ffaith fod o'n gweithio i un cwpwl ddim yn golygu fydd o'n gweithio i bawb.

Mae'n bwysig cofio bod angen ystyried anghenion a gallu'r ddau bartner wrth gael secs. Jest oherwydd bod rhywun yn anabl neu ag anghenion gwahanol i ti, dydi hyn ddim yn golygu nad ydyn nhw eisiau, neu yn cael secs.
Mae wastad angen teilwra'r profiad i'ch siwtio chi, gan gofio bod pawb efo anghenion eu hunain.

Mae cyfathrebu a pharchu dy bartner yn allweddol wrth gael secs iach, felly os oes gen ti unrhyw gwestiwn, mae'n bwysig eu holi cyn dechrau'r profiad. Mi fyddi di'n fwy tebygol o fwynhau dy hun ar ôl cael sgwrs agored a gonest.

Os oes gen ti bryderon am dy allu neu gyfyngiadau rhywiol, mae'n bwysig siarad efo doctor. A chofia fod secs yn gallu arwain at fabis ac STIs ar unrhyw bryd, felly

COFIA'R CONDOM

PLESER **YW POPETH**

Y nod i unrhyw brofiad rhywiol yw cael pleser. Ac os wyt ti'n rhannu'r profiad gydag unigolyn arall, yr unig ffordd iddyn nhw wybod be ti'n ei hoffi yw codi dy lais a dweud wrthyn nhw.

Mae'n gallu teimlo'n chwithig y tro cyntaf i ti siarad am dy gorff yn ystod secs, ond mi fydd yn dod yn rhywbeth cwbl naturiol. Y gobaith yw y byddi di a dy bartner yn dysgu gan eich gilydd ac yn gyrru ar hyd Priffordd Pleser cyn pen dim.

Does dim rhaid dweud fod yr un peth yn wir am dy bartner. Os nad ydyn nhw'n dweud wrthot ti, beth am eu holi nhw be maen nhw'n hoffi? Mae popeth yn siŵr o fod yn drwsgl i ddechrau, ac mae'n anodd cael pethau'n iawn y tro cyntaf, ond dyna ran o'r hwyl. Mae'n cymryd sbel i ddod i nabod corff arall, ond mi fyddi di'n *expert* yn o fuan.

Os ydi'r secs yn gweithio, mi ddylai'r ddau bartner ei fwynhau. Os mai dim ond un person sy'n cyrraedd y nefoedd, falle bod rhywbeth o'i le. Cofia fod secs am bleser i'r ddau berson. Dydi hyn ddim yn golygu bod angen cael orgasm bob tro; os wyt ti'n mwynhau, dyw'r orgasm ddim yn angenrheidiol. Ond os mai dim ond un person sy'n mwynhau eu hunain, tra bod y llall 'mond yn cael profiad ocê, mae angen ailfeddwl.

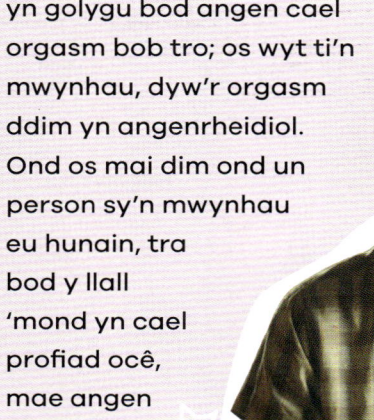

Dydi secs ddim wastad yn berffaith. Teimlad da sy'n bwysig, ddim edrych yn dda.
OTIS

FI, TI **A FFANTASI**

Mae Wikipedia, ein hoff athro ar-lein, yn disgrifio ffantasi rywiol fel **'delwedd yn y meddwl, neu ddychymyg person, sy'n medru cynhyrfu teimladau rhywiol.'**

Neu fel arall, breuddwydion budr a syniadau newydd i'r wanc-banc.

Os wyt ti'n eu cael nhw, mi fyddi di'n gwybod bod ffantasïau'n gwbl naturiol ac yn iach i'w mwynhau, hyd yn oed os yw'r pwnc yn syrpréis weithiau. Un diwrnod mi fyddi di'n trio anwybyddu ffrind dy frawd wrth iddo drio dweud wrthyt ti fod cyfandiroedd yn symud ar yr un cyflymder ag y mae ewinedd yn tyfu (ffaith!), a'r diwrnod nesaf – bang! – ti'n breuddwydio am ei borcio.

Dim panics, mae popeth yn iawn. Mae'n debyg nad wyt ti mewn cariad, ond mae 'na rywbeth secsi am gariad wedi ei wahardd ac mi fyddai dy frawd di'n dy ladd di petai o'n gwybod.

Fel arfer, mae ffantasi yn llawn o bethau na fyddi di'n eu gwneud yn dy fywyd go iawn. O wisgo gwisg ffansi i chwarae rôl cymeriad, mae ffantasi yn lle i arbrofi ac mae'n ffordd handi o ddarganfod ac arbrofi. Felly dechreua freuddwydio. Os ydi Otis yn gallu cael codiad o sbio ar ddarn o gaws, dwi'n siŵr fod 'na rywbeth fydd yn dy gyffroi di hefyd.

Yn ôl Jean, mae cannoedd o ffetishes, gan gynnwys pethau fel

ysbrydion.

Ac mae disgyblion Moordale yn gwybod mwy am ffantasis nag unrhyw un arall. Mae Eugene yn hoffi dychmygu'r Canol Oesoedd ac falle nad yw hyn i bawb, ond os ydi Viv yn hapus i roi cynnig arni, wel, amdani, Green Sleeves.

> *Dwi'n licio* nipple play.
> **VIV**

Mae ffantasïau rhywiol yn ffordd dda o greu hwyl, ac o arbrofi, ond mae'n gallu mynd yn ormod weithiau. Os nad yw'r ddau bartner yn mwynhau, mae'n bwysig lleisio dy farn a bod yn onest efo dy bartner.

> Yn y dechrau, ro'n i'n licio bod yn rhan o ffantasi alien Lily, ond ro'n i isio mwynhau profiadau rhywiol heb y ffantasi hefyd. Roedd hi'n anodd bod yn onest achos do'n i ddim eisiau ei brifo, ond mae fy nheimladau i'n bwysig hefyd ac mae angen i ni'n dwy fod yn hapus.
> **OLA**

Bwriad ffantasi yw teimlo'n dda, felly paid cytuno i rywbeth nad wyt ti eisiau ei wneud. Does dim eisiau cytuno i gadw eraill yn hapus. Ond os wyt ti a dy bartner am wisgo fyny fel bwci-bos secsi? Wel, fel mae Huw Chiswell yn ei ddweud, mae'r ysbrydion yn cael parti, ac mae'r hwyl yn bwrw **pawb!**

1 Mastyrbia yn y gawod.
Mae o'n lle perffaith i bleseru dy hun, a ti'n gallu golchi dy hun (a'r gawod) yn syth ar ôl gorffen.

Neithiwr ges i godiad wrth edrych ar ddarn o gaws.
OTIS

2 Secs heb dynnu dillad.

Na, dwi'm yn cymryd y *piss*. Tria rwbio dy hun ar dy gariad yn lle cael secs. Mae o'n trendi iawn ar y funud ac mae 'na rywbeth reit secsi am gael secs heb y secs.

3 Defnyddia dy lais.

Dydi dy bartner di ddim yn *psychic*, felly mae angen i ti ddweud be ti'n ei hoffi os wyt ti am fwynhau eich profiad.

4 Sdim angen bod yn berffaith bob tro.

Weithiau mae'r mwynhad yn ddibynnol ar eich mŵd neu'r awyrgylch. Does dim angen i secs fod yn wyllt ac yn nwydus bob tro, mae angen ei deilwra i bob sefyllfa.

5 Secs saff bob amser.

Cadw draw o'r STIs 'na.

DERE MEWN I FYD SECS SAFF

Heblaw dy fod ti'n ystyried dechrau teulu bach, mae angen gwybod popeth am sut i gael secs saff, h.y. sut i osgoi beichiogrwydd heb ei gynllunio, a chadw draw o'r holl STIs (heintiau a drosglwyddir yn rhywiol, neu *sexually transmitted infections*) – gawn ni lot o hwyl yn trafod y pwnc yma yn y bennod nesaf.

Pan mae'n dod i secs, does 'na ddim esgus i beidio bod yn saff. Mae 'na rywbeth sy'n siwtio pawb, ac mae 'na gymaint o ddewis. Condoms, coils, neu be bynnag sy'n clicio efo dy gorff. Jest gwna'n siŵr fod o'n gweithio i ti, a dy fod ti'n ei ddefnyddio'n gywir.

Mae angen i bawb sy'n cael secs efo partner fod yn saff. Hyd yn oed os nad oes risg o feichiogi, secs saff yw'r unig ffordd o warchod dy hun rhag STIs.

A tra bod secs saff yn bwysig i bawb o bob oed, plis cer nôl i'r bennod ddiwethaf i ddarllen am bwysigrwydd oed cydsyniad.

EIN HANNWYL **GONDOM**

Amser maith yn ôl (1900au) doedd 'na ddim llawer o opsiynau i gael secs saff. A deud y gwir, roedd 'na dri opsiwn, sef:

A Peidio cael secs

B Trio'r dull 'tynnu allan' – peryglus!

C Trio'r peth rwber newydd 'ma o'r enw condom, a newid dy fyd am byth!

Yn draddodiadol, y dyn oedd yn gwneud y peth cwrtais ac yn prynu'r condoms, ond doedd o ddim mor hawdd â cherdded i'r siop a dewis rhwng yr holl feintiau, blas neu deimlad. Roedd un maint ar gael i bawb.

Fel arfer, byddai'r gŵr bonheddig yn mynd i'r siop trin gwallt, a'r barbwr yn ei holi mewn côd, 'rhywbeth bach arbennig am y penwythnos, syr?' Byddai'r dyn yn talu'n gyflym cyn i neb ei weld, ac yna'n brysio adref gan chwysu a chochi, gyda'i drysor cyfrinachol yn ei boced (neu falle mai mond mewn ffilmiau mae hynny'n digwydd – pwy a ŵyr!).

Y prif opsiwn atal cenhedlu ar gyfer pobl â phidyn ar y funud ydi condoms, achos does dim dull atal cenhedlu hormonol ar gael iddyn nhw. Ond gan fod condoms yn ffordd hawdd o ddiogelu dy hun rhag STIs, maen nhw'n angenrheidiol i bawb.

O leiaf mae digon o ddewis erbyn heddiw:

LATECS

Latecs yw'r defnydd mwyaf cyffredin i greu condoms am ei fod yn gryf, yn dal dŵr ac yn ymestyn yn hawdd. Ond mae rhai pobl ag alergedd i latecs, a dyna pam mae 'na rai...

DI-LATECS

Mae condoms di-latecs wedi eu creu o ddefnydd o'r enw polyisoprene. Mae rhai pobl yn eu defnyddio achos eu bod nhw'n teimlo'n wahanol, felly pam ddim eu trio er mwyn gweld os wyt ti'n eu hoffi?

TEIMLAD

Mae'r rhain yn hawdd i'w hesbonio – mae ganddyn nhw i gyd deimlad gwahanol! Dotiau, rhesi, rhai sy'n tinglo, rhai sy'n cynhesu neu'n cwlio. Mae 'na ddewis eang o wahanol rai, felly arbrofwch.

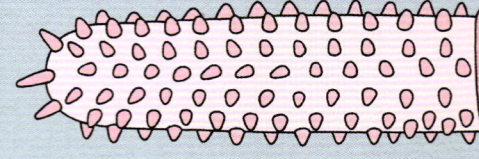

BLAS

Mae rhain wedi dod yn boblogaidd yn ddiweddar, ac maen nhw'n cael eu defnyddio yn ystod secs oral yn ogystal â secs treiddiol. Ond mae rhai pobl ag alergedd iddyn nhw, felly darllena'r label ar y cefn i weld y cynhwysion cyn eu defnyddio.

> *OMB, o'n i'n edrych yn ofnadwy pan ges i adwaith i'r condom blas mefus pan o'n i efo Nick. Doedd gen i'm syniad fod gen i alergedd, ac roedd fy wyneb i mor goch nes mai fi oedd yn edrych fel mefusen!*
> **ANWAR**

TOP TIP: darllena'r rhestr cynhwysion cyn defnyddio condom. Mae rhai condoms efo blas yn defnyddio *lube* efo siwgr ynddo, sy'n gallu cael effaith ar PH y fagina. Mae hyn yn gallu achosi llindag (*thrush*), haint burum sy'n anghyffyrddus ac yn gwneud i ti gosi rhwng dy goesau. Aw.

LUBE

Yn gyffredinol, mae gan gondoms *lube* arnyn nhw'n barod. Ond mae rhai sy'n dweud '*lubrication*' ar y paced yn dod efo *lube* ychwanegol, sy'n golygu nad wyt ti angen prynu potel fawr ohono. Ond mae rhai pobl yn penderfynu ei ddefnyddio hefyd.

BETH YW LUBE?

Lube, neu *lubricant*, yw'r hylif neu'r jel sy'n cael ei ddefnyddio i leihau ffrithiant yn ystod secs y fagina neu'r anws. Os wyt ti'n cael secs y fagina, cofia ddefnyddio *lube* sy'n dweud 'balans PH' arno. Mae *lube* dŵr neu silicon yn saff i'w ddefnyddio gyda chondoms, ond mae *lube* olew yn gallu gwanhau y latecs, felly mae'n well cadw'n glir o hwnnw os yn defnyddio condoms.

105

GORMOD O DDEWIS? Os wyt ti'n cael trafferth gwneud penderfyniadau yna mae 'na gwis ar-lein sy'n gallu dy helpu i ddod o hyd i'r sach berffaith (fel Siôn Corn).

Or'd sut wyt ti'n gwisgo condom? Mewn chwech cam, dyna sut:

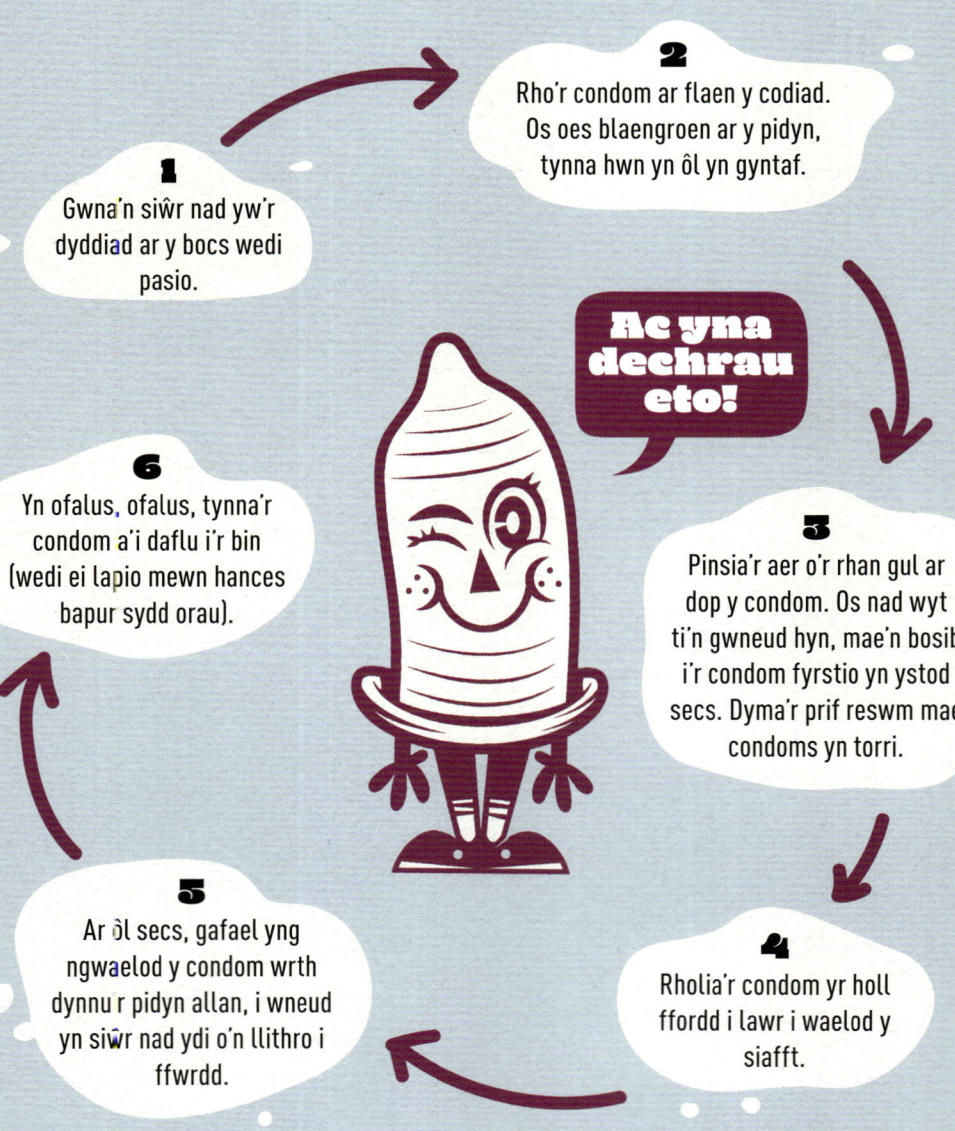

1

Gwna'n siŵr nad yw'r dyddiad ar y bocs wedi pasio.

2

Rho'r condom ar flaen y codiad. Os oes blaengroen ar y pidyn, tynna hwn yn ôl yn gyntaf.

Ac yna dechrau eto!

3

Pinsia'r aer o'r rhan gul ar dop y condom. Os nad wyt ti'n gwneud hyn, mae'n bosib i'r condom fyrstio yn ystod secs. Dyma'r prif reswm mae condoms yn torri.

4

Rholia'r condom yr holl ffordd i lawr i waelod y siafft.

5

Ar ôl secs, gafael yng ngwaelod y condom wrth dynnu'r pidyn allan, i wneud yn siŵr nad ydi o'n llithro i ffwrdd.

6

Yn ofalus, ofalus, tynna'r condom a'i daflu i'r bin (wedi ei lapio mewn hances bapur sydd orau).

Cofia fod condoms yn gyfrifoldeb i ni i gyd, nid dim ond i'r rheiny â phidyn. Os oes gen ti fagina, a ti'n penderfynu defnyddio dull arall i beidio beichiogi, mae'n bwysig cofio'r condoms os wyt ti am gadw'n glir o STIs.

DEWIS, DEWIS,
DAU DDWRN

Wrth ddewis dull atalgenhedlu ar gyfer y fagina, mae digon o ddewis. Ond (a fedrai'm pwysleisio hyn ddigon) dim ond condoms sy'n dy gadw di'n saff o STIs. Felly paid taflu'r condoms nes bod pawb wedi eu profi ac yn gwybod 100% nad oes ganddyn nhw STI.

Y BILSEN GYFUN

Mae'r bilsen gyfun yn cynnwys fersiynau artiffisial o'r hormonau *oestrogen* a *progesterone*, a chyfeirir ati'n syml fel fel 'y bilsen' (fel Madonna, sydd 'mond angen un enw). Mae'n gweithio drwy rwystro wy rhag cael ei ryddhau yn ystod cyfnod yr ofyliad, sy'n golygu bod hi'n amhosib i sberm ffrwythloni wy.

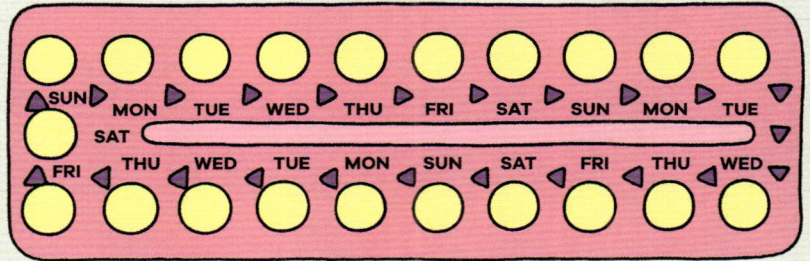

Mae'r bilsen yn effeithiol iawn pan gaiff ei defnyddio'n berffaith – yr un pryd bob dydd am 21 diwrnod, gyda saib o 7 diwrnod. Mae 99% yn sicr o atal beichiogrwydd â defnydd perffaith, felly does dim rhyfedd mai dyma un o'r dulliau mwyaf poblogaidd ar draws y byd.

Os wyt ti'n taflu i fyny, yn rhwym, neu'n anghofio'r bilsen un diwrnod, gall yr effeithiolrwydd yma leihau yn sylweddol. Mae sgileffeithiau'r bilsen yn gallu cynnwys bronnau sensitif, teimlo'n sâl, hwyliau drwg, a chur pen, ond mae'r rhain yn dueddol o setlo ar ôl defnyddio'r bilsen am rai misoedd.

Mae sawl math o'r bilsen gyfun ar gael, felly beth am gael sgwrs gyda'r doctor neu'r gweithwyr iechyd proffesiynol i ffeindio'r un sy'n addas i ti?

PILSEN *PROGESTERONE* YN UNIG

Mae'r bilsen *progesterone* yn unig, neu POP, yn cynnwys un hormon yn unig sef (yn amlwg iawn o'r enw) *progesterone*. Mae'n

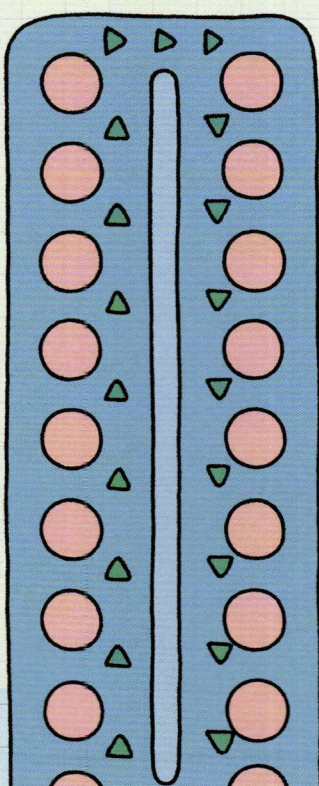

gweithio drwy greu mwcws yn y serfics sy'n atal sberm rhag cyrraedd yr wy.

Fel y bilsen gyfun, mae angen ei chymryd yr un pryd bob dydd iddi weithio'n effeithiol, a gall yr effeithiolrwydd leihau yn sylweddol os wyt ti'n ei chymryd yn hwyr, neu os wyt ti'n sâl neu'n rhwym. Yn wahanol i'r bilsen gyfun, does dim 7 diwrnod o saib – mae angen cymryd un bob dydd.

Gall y sgileffeithiau gynnwys sbotiau a bronnau sensitif, sy'n para am rai misoedd. Gall effeithio dy fisglwyf yn ogystal, drwy waedu'n ysgafnach, neu gael misglwyf afreolaidd neu fwy aml.

DIAFFRAMAU A CHAPIAU

Mae diaffram neu gap yn ddull atal genhedlu o gromenni crwn, meddal wedi'u gwneud o silicon. Maen nhw'n ffitio y tu mewn i'r fagina ac angen cael eu gosod cyn cael secs. Mae'n creu rhwystr fel wal rhwng y sberm a'r wy. Mae modd eu cael o'r syrjeri neu'r feddygfa agosaf ble bydd doctor neu nyrs yn gallu dy gynghori ar y maint cywir.

Mae capiau a diafframau yn gweithio drwy greu rhwystr ar hyd y serfics fel nad yw'r sberm yn gallu cyrraedd y groth a ffrwythloni wy. I fod yn effeithiol, mae angen eu defnyddio efo sbermladdwr, sef eli neu jel sy'n cynnwys cemegau i atal y sberm rhag cyrraedd ei darged (yr wy). Os ydyn nhw'n cael eu defnyddio'n berffaith, maen nhw'n 92–95% yn sicr o atal beichiogrwydd, ond mae angen eu cadw yn y fagina am o leiaf 6 awr ar ôl secs. Mae diafframau yn gallu bod yn ffidli ac yn flêr, a does dim modd eu defnyddio yn ystod misglwyf, ond maen nhw'n grêt i'r rheiny sydd ddim yn hoffi hormonau artiffisial.

PIGIAD ATAL CENHEDLU

Mae'r pigiad atal cenhedlu yn rhyddhau'r hormon *progesterone* i'r gwaed i atal beichiogi. Mae'r pigiad yn effeithiol iawn pan mae'n cael ei ddefnyddio'n berffaith. Mae 99% yn sicr o weithio, ac mae'n dy amddiffyn am rhwng 8–13 wythnos, yn dibynnu ar y math.

Gall y sgileffeithiau gynnwys cur pen, hwyliau drwg, magu pwysau, bronnau sensitif, a misglwyf afreolaidd, ac mae angen cael pigiad arall mewn pryd er mwyn iddo weithio'n effeithiol.

MEWNBLANIAD

Mae'r mewnblaniad atal cenhedlu yn rhoden fach hyblyg o blastig sy'n cael ei mewnblannu o dan y croen yn rhan uchaf dy fraich. Mae'r ddyfais fach yma yn rhyddhau'r hormon *progesterone* i'r gwaed ac yn gweithio am hyd at 3 mlynedd. Falle dy fod ti'n meddwl fod hyn yn swnio'n boenus, ond mae'n cymryd eiliadau yn unig i'w osod, a'r unig arwydd ohono fel arfer fydd clais bach neu bcen am rai oriau. Ond mae o werth o yn y diwedd achos mae'n un o'r dulliau mwyaf effeithiol, dros 99% yn sicr o weithio.

Mae'n berffaith ar gyfer pobl sy'n anghofio cymryd y bilsen, ac mae'n hawdd i'w dynnu allan os wyt ti'n cael sgileffeithiau fel misglwyf afreolaidd, gwaedu ysgafn neu drwm.

CLWT ATAL CENHEDLU

Clwt bach tenau, brown golau yw hwn, sy'n cael ei ludo ar dy groen i ryddhau'r hormonau. Mae'n debyg i'r mewnblaniad, ond yn hytrach na bod o dan y croen, rwyt ti'n ei wisgo ar y croen fel plaster.

Rhaid newid y clwt bob wythnos am dair wythnos, ac yna cael saib o wythnos er mwyn cael dy fisglwyf.

Ti'n gallu ei wisgo i'r gawod a'r pwll nofio heb broblem, ac mae'n 99% sicr o weithio o'i ddefnyddio'n gywir. Dyw taflu i fyny neu fod yn rhwym ddim yn effeithio ar effeithiolrwydd y clwt.

Y SYSTEM FEWNGROTH (IUS)

Dyfais fach blastig siâp T yw'r IUS sy'n cael ei gosod yn y groth gan gan ddoctor neu nyrs. Mae'n rhyddhau'r hormon *progesterone*, a gall weithio am 3–5 mlynedd, yn ddibynnol ar y math o IUS. Mae dros 99% yn sicr o weithio, ac mae'n opsiwn grêt ar gyfer rheiny sydd ddim yn hoffi'r bilsen gyfun.

Mae'n gallu brifo wrth gael ei gosod, ac mae 'na risg bach o gael haint felly cofia drafod hyn gyda dy ddoctor cyn penderfynu.

Gall y sgileffeithiau gynnwys hwyliau drwg, sbots ar dy groen a bronnau sensitif, OND mae 'na sgileffaith da hefyd – mae'n gallu gwneud dy fisglwyf yn fyrrach, neu ei stopio'n gyfan gwbl!

Haleliwia!

*Wnes i ddim ff***** chwerthin pan wnes i dy wthio di allan o'n fagina chwaith.*
JEAN

Y DDYFAIS FEWNGROTH GOPR (IUD)

Mae'r IUD, neu'r coil copr, fel chwaer i'r IUS. Mae'n ddyfais fach o blastig a chopr sy'n cael ei gosod yn y groth gan nyrs neu ddoctor. Enw arall ar y ddyfais yw'r 'coil' neu'r 'coil copr'. Mae dros 99% yn sicr o weithio ac mae'n gallu dy amddiffyn am o leiaf 5 mlynedd yn dibynnu ar y math o goil.

Mae'r dull yma'n siwtio pobl hŷn, ond mae'n grêt i'r rheiny sydd ddim yn hoff o hormonau synthetig hefyd. Gall y sgileffeithiau gynnwys misglwyf hirach, trymach a mwy poenus am 6 mis ar ôl cael yr IUD, ac mae 'na risg iddo symud y tu mewn i ti. Yn yr achos yma, byddai'n rhaid i nyrs neu ddoctor dy archwilio er mwyn gwneud yn siŵr fod popeth yn dal yn ei le.

CYLCH FAGINAL

Cylch bach plastig, meddal, yw'r cylch faginal sy'n cael ei osod yn y fagina ac sy'n rhyddhau'r hormons i'r gwaed i atal beichiogi.

Mae'r cylch 99% sicr o weithio ac mae'n effeithiol am fis. Yn debyg i'r bilsen, rhaid cadw'r cylch yn ei le am 21 diwrnod gan acael bwlch o 7 diwrnod ar gyfer eich mislif. Ond yn wahanol i'r bilsen, dyw bod yn sâl neu'n rhwym ddim yn effeithio arno.

Mae'n gallu helpu efo PMS (Premenstrual *syndrome* – y cramps a'r boen cyn dy fisglwyf), ac yn gallu gwneud dy fisglwyf yn ysgafnach a llai poenus. Ond mae'r sgileffeithiau'n gallu cynnwys mwy o hylif faginal, cur pen, a bronnau sensitif.

CONDOM MEWNOL

Mae'r condom mewnol yn ddull tebyg iawn i'r condom allanol, wedi ei greu o latecs meddal, tenau, neu latecs synthetig. Mae'n cael ei osod yn y fagina i rwystro sberm rhag nofio at yr wy. Mae'n effeithiol iawn o gael ei ddefnyddio'n gywir, ac yn 95% sicr o weithio – ac i goroni'r cyfan, bydd yn dy amddiffyn oddi wrth STIs! Hwrê!

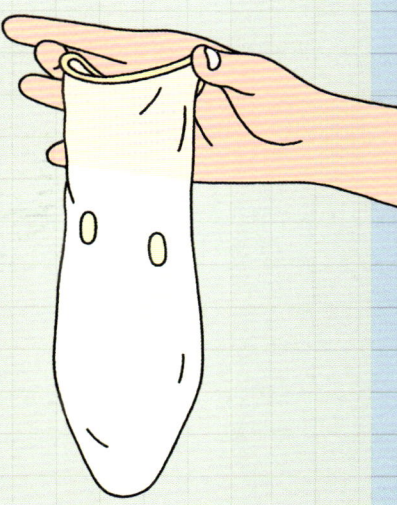

Y BILSEN BORE WEDYN

RHYBUDD: ni ddylai'r bilsen bore wedyn gael ei defnyddio fel dull atal cenhedlu arferol. Mae hon ar gyfer argyfwng yn unig, er enghraifft os yw'r condom yn torri neu os wyt ti'n anghofio cymryd dy bilsen.

Dylai'r bilsen bore wedyn fod ar gael dros y cownter yn y fferyllfa, yn ddibynnol ar lle wyt ti'n byw, ac mae'n gweithio drwy atal wy rhag cael ei ryddhau. Mae'n bosib ei chymryd hyd at 3 neu 5 diwrnod ar ôl cael secs, yn ddibynnol ar y math o bilsen, ond mae'n fwy effeithiol os wyt ti'n ei chymryd yn syth.

Mae bechgyn mor fregus, bechod.
LILY

Mae'n gallu achosi cur pen, poen stumog neu salwch, ac os wyt ti'n taflu i fyny o fewn tua 2–3 awr o'i chymryd, mi fydd rhaid i ti gymryd dos arall gan na fydd yn gweithio.

Dyw'r bilsen bore wedyn ddim yn gweithio *ar ôl* ei gymryd, felly os wyt ti'n cael secs eto, bydd angen i ti ddefnyddio dull atal cenhedlu arall.

> *Ar ôl i fi ac Otis gael secs am y tro cyntaf, doedd y condom ddim i'w weld yn unman. Damia. Ond mae Otis yn foi iawn, felly mi ddaeth efo fi i gymryd y bilsen bore wedyn. Chwarae teg, wnaeth o hyd yn oed cynnig fy nghefnogi os o'n i am gael y babi. Fedri di ddychmygu? Dim siawns 'mod i eisiau ei fabi tal a gwelw o!*
> **RUBY**

YMWYBYDDIAETH O FFRWYTHLONDEB

Mae hwn yn ddull llawn risg, ond mae'n bwysig dy fod ti'n ymwybodol ohono.

Y syniad tu ôl i'r dull hwn yw monitro dy gylch misol fel dy fod ti'n gwybod pryd mae'r tebygolrwydd uchaf o feichiogi. Ar yr adegau yma, bydd dull ychwanegol fel diaffram neu gondom yn cael ei ddefnyddio i atal beichiogi.

Ond mae dy gylch misol yn gallu cael ei effeithio gan nifer o bethau, fel pwysau gwaith, pryder neu salwch (a chofia fod cylch misol rhai pobl yn afreolaidd beth bynnag) sy'n gwneud y dull yma'n un hynod risgi, ac mae'n saffach defnyddio un o'r dulliau eraill.

Y DULL TYNNU ALLAN

Yn blwmp ac yn blaen, tynnu'r pidyn o'r fagina cyn dod ydi'r syniad tu ôl i hwn. Dydi hwn ddim yn ddull grêt, a dweud y gwir, a'r rheswm dros hynny yw bod 'na rywbeth bach o'r enw pre-ejaculate. Dyma'r hylif sy'n dod o'r pidyn cyn dod, a gall gynnwys sberm, sy'n gallu achosi babi. Felly gwell osgoi hwn os nad wyt ti'n barod am deulu bach!

A DEFNYDDIA GONDOM!

DY DDEWIS **DI**

Mae 'na ddigon o opsiynau i'w dewis, felly dewis un sy'n dy siwtio di. Os nad wyt ti'n ei hoffi, neu os nad yw'n siwtio dy gorff, siarada efo nyrs neu ddoctor i drafod opsiynau eraill i ti.

Mae rhai hormonau'n gweithio'n grêt i rai, ac eraill yn gallu cael effaith negyddol ar dy gorff, felly mae'n cymryd dipyn o arbrofi nes ffeindio'r dull perffaith.

Y peth pwysig yw peidio teimlo dan bwysau gan dy bartner i ddefnyddio dull atalgenhedlu penodol. Dy ddewis di sy'n cyfrif, ac mae'n rhywbeth personol i ti gael teimlo'n gyfforddus.

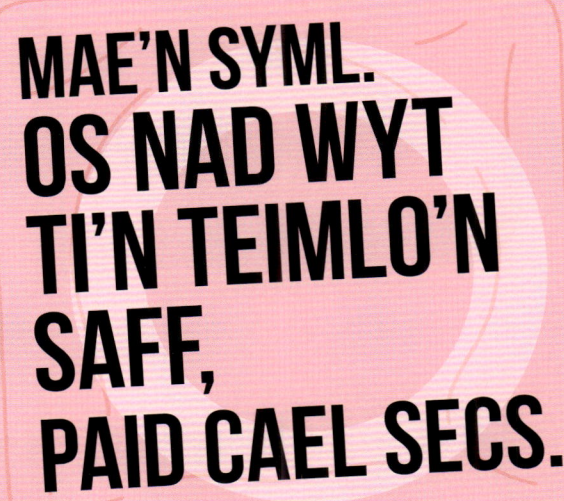

MAE'N SYML.
OS NAD WYT TI'N TEIMLO'N SAFF,
PAID CAEL SECS.

> *I belong to quick, futile moments of intense feeling. Yes, I belong to moments. Not to people.*
> **VIRGINIA WOOLF, A PASSIONATE APPRENTICE: THE EARLY JOURNALS, 1897–1909**

DYDDIADUR CUDD
MAEVE WILEY

Paid ti mentro darllen hwn – *REIT?*

FFEMINIST: Rhywun sy'n coelio mewn cydraddoldeb cymdeithasol, gwleidyddol ac economaidd i fenywod.

BETH YW FFEMINISTIAETH? Yn bersonol, brwydro dros fy hawliau, bod yn annibynnol a gweiddi am hawliau teg yw ffeministiaeth i fi. Ar ddiwedd y dydd, dylai pob menyw fod yn ffeminist mewn rhyw ffordd. Achos pam fyddai unrhyw un yn meddwl 'o ia, grêt bod dynion yn cael eu talu mwy na menywod am wneud yr un swydd. Syniad ffantastig.'

Ydw i'n ffeminist drwg os ydi dyn yn fy nhrin i'n neis? Ydw i'n wan achos 'mod i isio cael fy ngharu? Nac ydw, mae pawb eisiau cael eu caru.

Cyn belled â 'mod i'n lleisio fy marn, a byth yn gadael i UNRHYW UN ddweud wrtha i beth i'w wneud, mi gawn nhw fy nhrin i'n neis. Pam lai, dwi'n ei haeddu!

Pan ddewiswch garu'ch corff, rydych chi'n herio degawdau o farn, stigma, pwysau a gelyniaeth tuag at garu'r croen rydych chi ynddo. Dyna pa mor bwerus ydych chi!
JESS DAVIES, LYSH CYMRU

The thought of unequal pay gives me butterflies, that's all you care about is the gap between my thighs
ADWAITH, FEMME

Wnaeth 'na ddripsyn o ddyn ddeud 'mod i'n ffeminist blin y diwrnod o'r blaen. Pam fod o'n iawn i ddynion gael lleisio barn, ond pan mae menyw'n gwneud yr un fath, mae hi'n flin? A fel bod hynna'n insylt beth bynnag? Dyna sut mae'r batriarchaeth yn ein cadw i lawr, drwy roi labeli negyddol ar fenywod a'u stopio nhw rhag codi eu llais. Dwi'n gwrthod cael fy labelu gan rywun cul. Dwi wastad am weiddi nerth fy mhen am gydraddoldeb.

Wnaeth Steve fy holi i ddoe a oedd dynion yn gallu bod yn ffeministiaid hefyd. *YDYN SIŴR!* Dyna dwi'n licio am Otis; mae o'n parchu merched.
Dydi o byth yn meddwl fod o'n 'well', jest am ei fod o'n ddyn.
Ac mae'r diolch i hynny i'w fam o, Jean. Mae hithau'n ddynes gref.

DYN SY'N FFEMINIST

Gafodd Mam Mam fywyd caled, ac mi wnaeth hi benderfyniadau drwg. Dwi wedi gorfod dysgu i fod yn annibynnol ers blynyddoedd, ond mae hynna wedi fy ngwneud i'n gryfach. Dwi'n caru fy hun, a fyddwn i byth isio newid. Diolch byth am leisiau llenorion ac actifyddion cyfoes am fy nysgu i fod yn gryf wrth i mi dyfu.

Ond pan 'wedir un waith eto o'r sedd sy'n rhy fawr i ferched, wnaiff y merched aros ar ôl, beth am ddweud gyda'n gilydd... 'Gwrandewch chi, feistri bach, tase Crist yn dod 'nôl heddi byse fe'n bendant yn gwneud ei de ei hun.
MENNA ELFYN, 'WNAIFF Y GWRAGEDD AROS AR ÔL?'

7

HELP EFO'R HEINTIAU (BAROD NEU BEIDIO)

Mae'n amser i ddysgu am yr holl STIs (heintiau a drosglwyddir yn rhywiol, neu *sexually transmitted infections*). Mae rhai yn enwog, ac eraill fyddi di 'rioed 'di clywed amdanynt. Felly amdani, gawn ni ot o hwyl yn dod i nabod yr holl heintiau sydd ar gael.

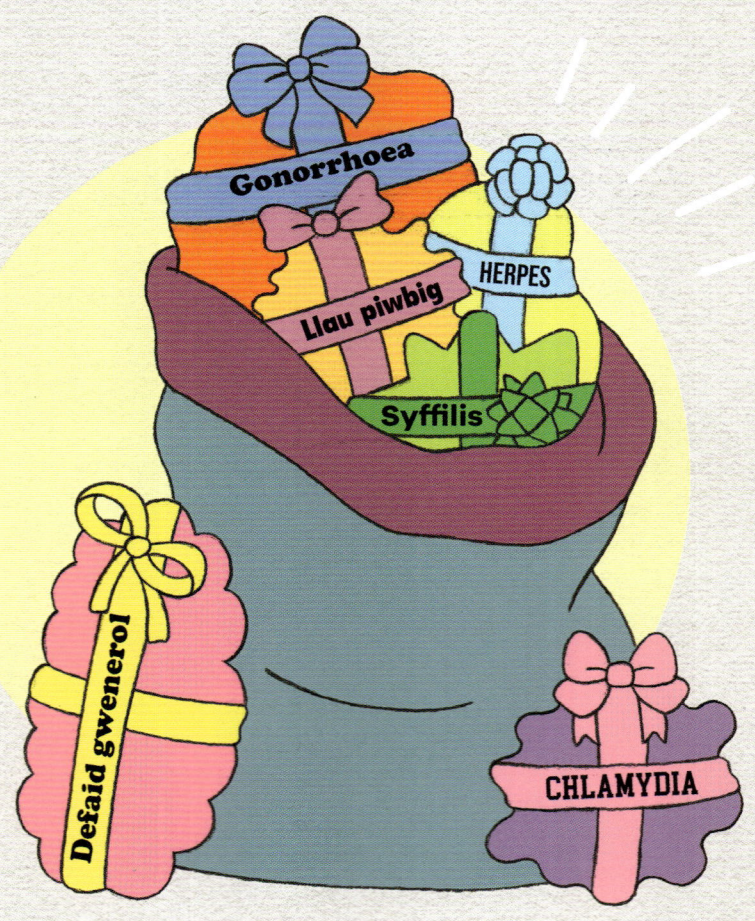

Y DA, Y DRWG, A'R COSI (LOT FAWR O GOSI)

Beth yw'r gwahaniaeth rhwng **STI** ac **STD**?

- Mae **STI** yn haint bacterol neu feirol
- Mae **STD** yn glefyd neu'n afiechyd

Y gwahaniaeth yw'r geiriau 'infection' a 'disease'. Mae nifer o STDs yn dechrau fel STI ac yn datblygu i fod yn afiechyd.

Mae modd gwella'n llwyr o **HAINT BACTEROL** ond does dim modd cael gwared ar haint feirol yn llwyr, dim ond ei drin. Ond mae modd dal haint bacterol dro ar ôl tro, hyd yn oed ar ôl cael triniaeth ar ei gyfer.

Mae **STIs** neu **STDs** yn lledaenu yn ystod secs oral, anal neu faginal heb gondom fel arfer, neu gallan nhw gael eu pasio drwy rannu teganau secs. Mae dros filiwn o bobl yn dal STI *bob un dydd*.

Heb driniaeth, gall STI neu STD achosi pob math o broblemau, o anffrwythlondeb (methu cael babi) i glefyd yr iau, ac mewn rhai achosion eithafol, gall yr heintiau dy ladd. Mae ambell STI ac STD heb symptomau amlwg, felly mae'n hawdd ei basio o bartner i bartner heb sylwi. A dyna pam mae'n hollbwysig mynd am brofion cyson os wyt ti'n cael secs, *yn enwedig* os wyt ti'n amau bod un o dy bartneriaid rhywiol ag STI.

Does dim angen teimlo cywilydd nac embaras os wyt ti'n dal STI. Does neb yn mynd i dy farnu di – mae gweithwyr iechyd proffesiynol yn gweld y math yma o beth bob dydd. Felly bydd yn onest efo nhw am dy symptomau. Dwyt ti ddim yn fudr os oes gen ti STI, ond mi fyddi di angen triniaeth.

SELEBS **YR STIs**

SYFFILIS

Dyma frenin y byd STIs. Yn ôl y sôn, bu i ambell frenin (gan gynnwys y casanova a'r torrwr pennau enwog, Henry VIII) farw o hwn.

Pwy, fi?

Haint bacterol yw syffilis, ac er ei fod wedi bod yn STI poblogaidd iawn yn y 2000au hwyr, mae o nawr yn eithaf anghyffredin – diolch byth. Dim ond tua 2% o'r holl STIs yn y Deyrnas Unedig sy'n cael eu diagnosio fel syffilis, sy'n fendith gan bod y symptomau'n cynnwys:

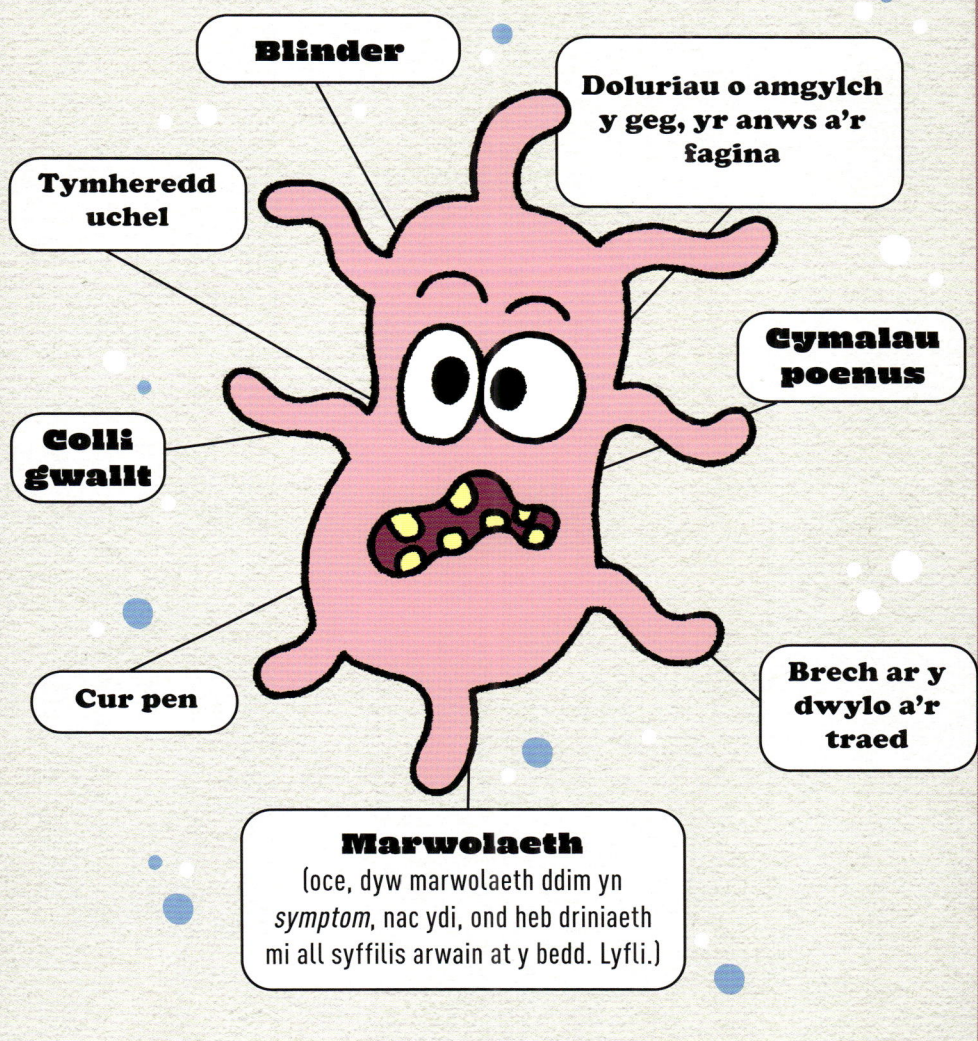

Blinder

Doluriau o amgylch y geg, yr anws a'r fagina

Tymheredd uchel

Cymalau poenus

Colli gwallt

Cur pen

Brech ar y dwylo a'r traed

Marwolaeth
(oce, dyw marwolaeth ddim yn *symptom*, nac ydi, ond heb driniaeth mi all syffilis arwain at y bedd. Lyfli.)

A sut mae ei drin? *Antibiotics*, a gorau po gyntaf!

CHLAMYDIA

Ti'n cofio *chlamydia* yn lledaenu drwy Ysgol Moordale? Roedd cymaint o'r disgyblion yn gwisgo masgiau nes eu bod nhw'n edrych fel ecstras mewn ffilm am COVID-19! (rhy gynnar i wneud jôcs?) Ond mewn gwirionedd, dim ond drwy gyswllt rhywiol mae dal *chlamydia*.

> *Aeth yr ysgol yn wirion bost yn ystod y don fawr o* chlamydia. *Sy'n profi bod ein gwersi ABACh yn jôc llwyr, os ydi pawb yn meddwl bod modd dal* chlamydia *wrth anadlu.*
>
> **OTIS**

Sut mae ei drin? Efo *antibiotics*. Os yw'n cael ei ddal a'i drin yn fuan, dyw *chlamydia* ddim yn achosi unrhyw broblemau iechyd hirdymor. Ond os wyt ti'n osgoi ei drin, fe all achosi problemau iechyd mawr i bobl efo fagina. Gall achosi clefyd llid pelfig difrifol (*pelvic inflammatory disease* – haint poenus sy'n effeithio rhannau o'r fagina), anffrwythlondeb a beichiogrwydd ectopig (pan mae wy sy wedi ei ffrwythloni yn plannu ei hun yn waliau'r tiwb *fallopian*.

I'r rheiny â phidyn, gall achosi *epididymo-orchitis*, sef ffordd gymhleth o ddisgrifio ceilliau wedi chwyddo. Poenus! Ond dim ond y cam cyntaf ydi hyn. Gall arwain at gornwyd (*abscess*) ble mae crawn yn casglu yn y ceilliau, neu gall achosi i'r ceilliau grebachu. Waw.

FFAITH AM CHLAMYDIA: Dyma un o STIs mwyaf poblogaidd yr UDA! Ond er ei fod yn boblogaidd, dwi'm yn meddwl fod o'n cael ei wahodd i lawer o bartis.

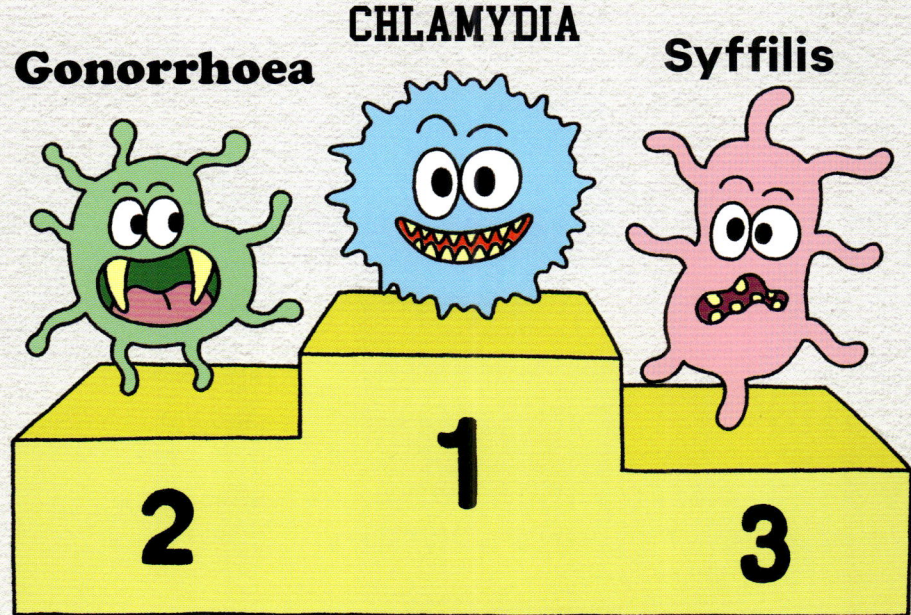

Gonorrhoea   CHLAMYDIA   Syffilis

DEFAID GWENEROL

Na, nid defaid gwyn a gwlanog sy'n pori yn y caeau. Defaid gwerenol yw'r lympiau poenus sy'n cael eu hachosi gan feirws o'r enw'r feirws papiloma dynol (*Human Papillomavirus*, neu HPV, sydd 'chydig yn haws i'w gofio).

Y lympiau a'r defaid o amgylch y fagina, pidyn neu anws yw'r symptom mwyaf, yn ogystal â chosi neu waedu rhwng y coesau, neu piso'n gam (ie, mae'r defaid yn gallu effeithio ar gyfeiriad llif dy bi-pi).

Mae'r driniaeth yn dibynnu ar y math o ddefaid, ond gall gynnwys eli neu hylif i'w roi ar y defaid am gyfnod o wythnosau, rhewi'r defaid, neu mewn achosion eithafol, cael doctor i'w torri, llosgi neu ddefnyddio laser i gael gwared ohonynt. Felly brysia draw i'r clinig agosaf os wyt ti'n gweld defaid bach yn dechrau pori o dan dy drowsus.

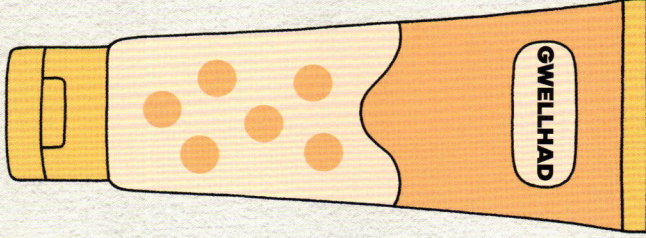

Cofia, mae'r doctoriaid neu'r nyrsys wedi gweld lot gwaeth, felly does dim angen teimlo cywilydd. Paid ag oedi cyn gwneud apwyntiad, achos os wyt ti'n aros, mae pethau'n siŵr o fynd yn waeth!

Tra bod y driniaeth yn gallu cael gwared â'r lympiau am 'chydig, mae defaid gwenerol yn haint feirol felly does dim ffordd o gael gwared â'r haint yn llwyr. Mae'n bosib bydd y lympiau'n dod yn ôl dro ar ôl tro. Ond y newyddion da? Mae'r corff yn gallu cwffio feirws dros amser.

MAE MWY I HPV NA **DEFAID**

Mae HPV yn derm ar gyfer grŵp cyffredin o feirysiau, a dyw'r rhan fwyaf ohonynt ddim yn achosi problemau iechyd. Ond mae ambell i feirws HPV yn 'risg-uchel', sy'n gysylltiedig â chanser.

Mewn rhai gwledydd, mae pobl ifanc yn cael brechiad HPV, gydag ail frechiad rhwng 6–24 mis wedyn. Mae angen y ddau frechiad er mwyn cael dy amddiffyn o HPV. Mae'r brechiad yn dy amddiffyn rhag defaid gwenerol, yn ogystal â chanser sy'n cael ei achosi gan HPV.

Mae'n bwysig bod pobl â serfics yn cael prawf sgrinio serfigol (neu *smear test*) yn ogystal â'r brechiad. Pwrpas y prawf sgrinio yw gweld a oes gen ti gelloedd HPV risg-uchel.

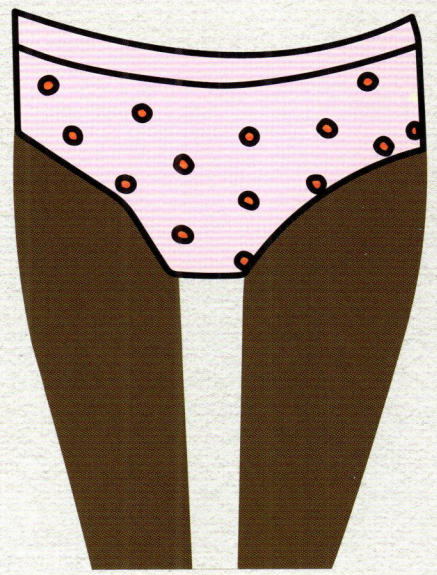

Yn ystod y prawf, bydd sampl bychan o gelloedd yn cael eu tynnu o'r serfics i'w profi. Os ydynt yn dod o hyd i gelloedd risg-uchel, bydd modd trin rhain cyn iddynt droi'n ganser.

Mae'n bwysig dechrau mynd am brofion sgrinio yn dy ugeiniau cynnar, neu pan fyddi di'n dechrau cael secs â phartner – p'run bynnag sydd gyntaf. Fel mae'n siŵr dy fod ti'n sylwi, mae'n hollbwysig dy fod ti'n mynd i'r apwyntiad. Neith o ddim cymryd hir, ac mi all achub dy fywyd.

GONORRHOEA (YR HADLIF NEU'R CLAP)

Mae gonorrhoea yn amhosib i'w sillafu ond yn hawdd i'w ddal, ac mae'n cael ei achosi gan y bacteria *Neisseria gonorrhoeae*, sy'n swnio'n ffansi ond wir yr, dydi o ddim.

Nid CLAP fel hyn!

CYFIEITHIAD

Yn ôl y sôn, mae'r enw 'Y Clap' yn deillio o'r 1500au (mae hwn yn STI vintage iawn) achos roedd dynion yr credu bod modd cael gwared o'r haint drwy roi slap galed i'w pidyn, neu drwy roi clec iddo ar fwrdd neu arwyneb caled. Roedd hyn yn cael y crawn allan o'r chwarenni, ond doedd o'n *sicr* ddim yn gweithio i gael gwared o'r haint. A bod yn deg, doedd dim *antibiotics* yn y 1500au felly doedd dim drwg trio *rhywbeth* i deimlo'n well, ond fa le bod trip i weld y doctor yn saffach i ti heddiw.

Dyw gonorrhoea ddim wastad yn dangos symptomau, ond mae gwerth cadw llygad allan am rhain:

Os oes gen ti bidyn:

○ Angen piso'n amlach

○ Chwydd neu gochni yn y pidyn neu'r ceilliau

○ Crawn gwyrdd neu felyn tew yn dod o ben y pidyn

Os oes gen ti fagina:

○ Crawn gwyrdd neu felyn tew yn dod o'r fagina

○ Gwaedu rhwng misglwyf (ond y symptom uchod yw'r un mwy amlwg ... yn amlwg)

A'r driniaeth? Dy hoff anti, *antibiotics*. Mae brechiad antibiotig ar gael, ac yna dos o dabledi antibiotig i ddilyn.

HERPES

Mae *herpes* yr organau rhyw yn cael ei achosi gan y feirws *Herpes Simplex* (HSV) ac unwaith ti'n dal y feirws, mae o efo ti am oes yn anactif yn dy nerfau. Mae hyn yn golygu bod rhai pobl yn gallu cael symptomau *herpes* dro ar ôl tro trwy gydol eu bywydau, tra mae eraill yn cael symptomau weithiau, ac eraill dim ond yn ei ddangos unwaith. Mae'n hawdd iawn dal *herpes*, a'i basio i eraill, am fod y feirws yn un hynod heintus, felly mae angen i ti gael secs saff i ddiogelu dy hun.

Y prif symptom yw poen wrth biso, teimlad o gosi neu dinglo o gwmpas y rhannau preifat, hylif faginol anarferol, a hoff symptom pawb, swigod bach ar hyd y pidyn, fylfa, anws, coesau a phen-ôl, sy'n byrstio ac yn troi'n ddoluriau poenus.

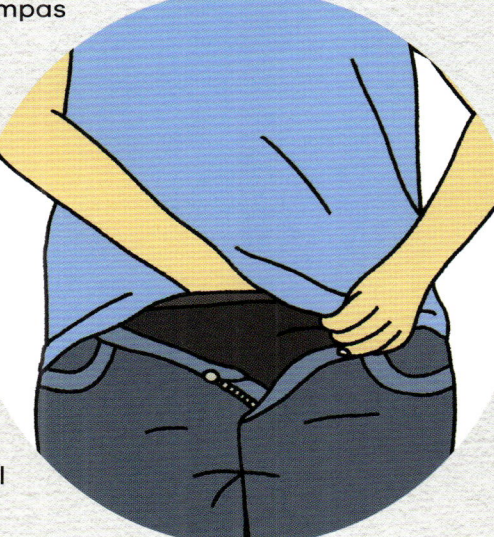

Sut mae ei drin? Does dim gwellhad parhaol i *herpes*, felly'r unig opsiwn yw aros nes mae'r symptomau'n clirio. Mae moddion gwrthfeirol ar gael i gyflymu'r broses, neu mae'n bosib defnyddio eli i leihau'r boen.

LLAU PIWBIG

Mae rhain yn cael eu galw'n 'crabs', er nad ydyn nhw'n grancod go iawn. Pryfed bach parasitig, melynlwyd yw'r llau, tua 2mm o hyd, sy'n byw yn dy flew piwbig, a blew corff arall weithiau, ac yn sugno dy waed.

Maen nhw'n dodwy wyau sy'n edrych fel dotiau bach brown ar dy flew. Yn ogystal â blew piwbig, gall y llau fyw ym mlew dy geseiliau, coesau, yn dy farf, neu mewn unrhyw fan blewog ar dy gorff. Maen nhw hyd yn oed yn gallu byw yn dy aeliau neu flew dy amrannau, er mai prin iawn mae hynny'n digwydd. Yr unig le blewog sy'n saff yw dy ben – dydi'r llau ddim yn rhy hoff o wallt. Maen nhw'n ffysi fel'na.

Dyw hi'n ddim syndod bod y llau'n gwneud i ti gosi, yn enwedig yn ystod y nos pan maen nhw i gyd ar ddi-hun yn cael parti mawr efo tiwns rownd y tân (probs).

Ry'n Ni Yma o Hyd!

A'r driniaeth? Wel, diolch byth bod modd prynu rhywbeth i ddatrys y broblem yn y fferyllfa heb bresgripsiwn. Jest cofia weiddi'n uchel dy fod ti'n

'PRYNU NHW AR RAN FFRIND'.

NODYN:

Llau piwbig ydi'r anifail anwes mwya crap yn y byd.

(Madam ydi'r unig anifail i ni!)

TRICHOMONIASIS

Tra bo' ni'n sôn am bethau bach parasitig, gad i mi gyflwyno trichomoniasis. STI sy'n cael ei achosi gan barasit bach, bach o'r enw *Trichomoniasis vaginalis* (TV neu trich, os ti'n cŵl) yw hwn, sy'n byw fel arfer yn y fagina, neu'r wrethra yn y pidyn.

Fel arfer bydd symptomau'n dangos o fewn y mis. Ond yn anffodus, dyw hanner y bobl efo TV ddim yn gwybod ei fod o yno, er eu bod nhw'n gallu ei basio ymlaen i'w partner.

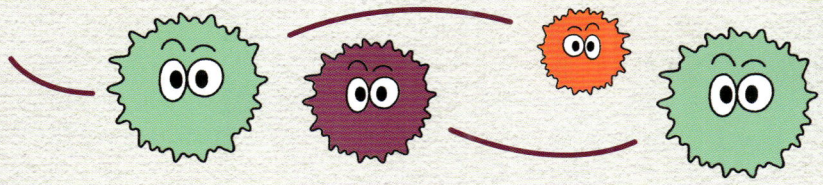

Mae'r symptomau'n gallu cynnwys:

I'r rheiny â PHIDYN:

- Angen piso'n amlach
- Poen wrth biso neu wrth ddod
- Chwyddo, poen neu gochni o amgylch y blaengroen a phen y pidyn
- Hylif tenau, gwyn yn dod o'r pidyn

I'r rheiny â FAGINA:

- Hylif anarferol yn dod o'r fagina, lliw melyn neu wyrdd, a gall fod yn denau, yn dew neu'n ewynnog
- Chwyddo, poen neu gochni o amgylch y fagina
- Cluniau'n cosi
- Mwy o hylif faginol nag arfer, sy'n gallu arogli fel pysgod
- Poen wrth biso neu gael secs

A beth am y driniaeth? Yn anffodus dwyt ti'n methu cael unrhyw beth dros y cownter i helpu tro 'ma, felly bydd angen i ti wneud apwyntiad efo'r clinig lleol. Bydd doctor neu nyrs yn dy archwilio, ac o bosib yn gwneud swab er mwyn ei yrru i'r lab. Os yw dy ganlyniad yn bositif, bydd angen cwrs 5–7 diwrnod o dabledi antibiotig.

Mae secs yn gallu bod yn hyfryd, ond mae hefyd yn gallu achosi poen. Ac os nad wyt ti'n ofalus, mae'n gallu dinistrio dy fywyd.
JEAN

HIV/AIDS

Mae lot o bobl yn drysu rhwng HIV ac AIDS, felly dyma drio setlo'r mater unwaith ac am byth.

HIV yw'r enw ar Feirws Diffyg Imiwnedd Dynol (*Human Immunodeficiency Virus*), salwch sy'n dinistrio celloedd ein system imiwnedd. Mae hyn yn helpu afiechydon eraill i ymosod ar ein corff tra'n bod ni'n wan.

AIDS yw'r Syndrom Diffyg Imiwnedd (*Acquired Immune Deficiency Syndrome*), yr enw ar nifer o heintiau a salwch all beryglu dy fywyd. Mae'n digwydd pan nad wyt ti wedi derbyn triniaeth am HIV, ac o ganlyniad mae dy system imiwnedd wedi'i niweidio.

Ni all AIDS gael ei basio o un unigolyn i'r llall, ond fe all HIV.

Pan oedd HIV yn y newyddion yn yr 1980au, roedd o'n ddedfryd marwolaeth. Doedd neb yn gwybod unrhyw beth am y feirws ac roedd o'n lledaenu mor gyflym ac yn achosi cymaint o ddinistr, nes bod y byd i gyd mewn panig.

Roedd pobl yn ofnus ac yn hysterig, ac roedd rhai yn credu bod modd dal HIV o gyffwrdd rhywun arall, neu o fod yn yr un stafell â pherson heintus. Diolch byth ein bod wedi symud ymlaen a dysgu mwy am y feirws erbyn hyn.

Secs, neu gysylltiad rhywiol, yw'r ffordd fwyaf cyffredin o ledaenu HIV, ond mae modd ei ddal drwy rannu nodwyddau brechu neu os wyt ti'n derbyn triniaeth mewn gwlad sydd ddim yn diheintio offer meddygol. Mae hefyd yn bosib ei basio drwy fwydo babi o'r fron.

Er nad yw rhai pobl yn dangos symptomau, mae nifer o bobl yn dioddef o salwch fel y ffliw tua 6 wythnos ar ôl cael eu heintio. Unwaith mae'r symptom hynny wedi pasio, mae'n bosib na fydd unrhyw symptomau eraill am flynyddoedd. Ond bydd y feirws yn brysur tu ôl i'r llen yn dinistrio'r system imiwnedd, felly mae'n hollbwysig dy fod ti'n mynd am brawf os oes unrhyw amheuaeth dy fod ti wedi dal HIV.

A be am y driniaeth? Does dim gwellhad i HIV, a *heb unrhyw driniaeth* mae pobl yn dueddol o fyw rhwng 9–11 mlynedd ar ôl ei ddal. Ond mae triniaethau hynod effeithiol wedi eu datblygu erbyn hyn, sy'n golygu bod modd rheoli'r feirws.

Mae meddyginiaeth wrthretrofeirol neu driniaeth yn gweithio i rwystro'r feirws rhag cynyddu yn dy gorff, sy'n rhoi cyfle i'r system imiwnedd gryfhau eto. Efo'r driniaeth gywir, mae pobl â HIV yn byw bywydau hir ac iach, ac yn gallu lleihau'r risg o'i basio ymlaen i eraill.

Mae dau fath o feddyginiaeth eithaf newydd sy'n helpu i leihau achosion HIV, ac sydd wedi newid bywydau'r rheiny mewn risg o'i ddal. Mae'n rhoi'r cyfle i bobl HIV-negatif i amddiffyn eu hunain rhag y feirws.

Y cyntaf yw **PrEP**, neu proffylacsis cyn amlygiad (*pre-exposure prophylaxis*) sef tabledi bach sy'n cynnwys dau gyffur sy'n cael eu defnyddio i gwffio HIV. Mae pobl sy'n HIV-negyddol yn cymryd PrEP i leihau'r risg o'i ddal, gan fod y cyffur yn blocio'r feirws rhag setlo yn dy gorff. Mae dau brif ffordd i gymryd PrEP, sef yn ddyddiol, neu pan rwyt ti'n gwybod dy fod am gael secs. Yn yr ail achos, mae angen cymryd dwy dabled 2–24 awr cyn secs, un dabled 24 awr ar ôl secs, ac un arall 48 awr ar ôl. Yng Nghymru mae modd cael PrEP am ddim o glinig iechyd rhywiol.

Yr ail fath o feddyginiaeth yw **PEP**, neu broffylacsis ôl-amlygiad (*post-exposure prophylaxis*) sef tabled ar gyfer pobl all fod wedi cael eu hamlygu i HIV. Mae angen ei chymryd o fewn 72 awr i ddal y feirws, ac o fewn 24 awr i gael yr effaith orau. Yna bydd angen ei chymryd bob dydd am 28 diwrnod gan ddilyn canllawiau'r doctor yn berffaith. Dim ond mewn argyfwng dylid defnyddio PEP, e.e. os yw'r condom yn torri neu ar ôl ymosodiad rhywiol, gan nad oes sicrwydd ei fod yn gweithio bob tro. Yng Nghymru, mae PEP ar gael o glinig iechyd rhywiol, neu'r Adran Achosion Brys. Y peth pwysig am PEP yw i'w gymryd mor fuan â phosib ar ôl y risg.

MAE DYDDIAU GWELL I DDOD

Os wyt ti'n ofni fod gen ti STI, mae'n gyfrifoldeb arnat ti i fynd am brawf mor fuan â phosib. A phaid cael dy demtio i gysgu efo rhywun yn y cyfamser, achos dwyt ti ddim isio rhoi'r anrheg waethaf 'rioed iddyn nhw.

SYRPRÉIS!

Os wyt ti'n cael canlyniad positif ar ôl y prawf, dy gyfrifoldeb di yw rhoi gwybod i unrhyw bartner rhywiol fyddai o bosib wedi ei ddal gen ti. Achos mi fydden nhw angen mynd am brawf hefyd.

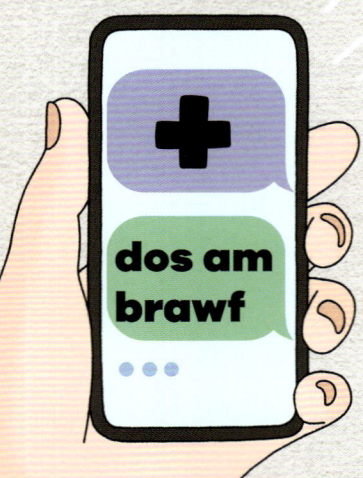

Paid cael dy rwystro gan embaras rhag gwneud y peth iawn. Mae STIs yn rhan o fywyd rhywiol, ac ella nad ydyn nhw'n bleserus, ond mae'n well bod yn ymwybodol ohonynt fel dy fod di'n gallu rhoi stop ar eu rhannu.

dal i brofi,
i wybod
be ti'n
ddal.

BEIBL FFASIWN

MWY YW MWY!

Dwi ddim yn hoff o lwyd! Dyw Ruby ddim wastad yn berson neis, ond mae ei steil hi o hyd yn 10/10.

FFEINDIA DY STEIL

Dyw pawb ddim yn gallu gwisgo fel fi. Dim ond un Eric sy 'na. A dychmyga Aimee a Maeve yn rhannu dillad? No we! Tyrd o hyd i ddillad sy'n siwtio dy bersonoliaeth – achos ti'n ffabiwlys, cariad!

FI 'DI FI

Dwi byth yn gadael i unrhyw un ddweud wrtha i be i wisgo. A pan wnaeth Ruby ddewis dillad i Otis? Lol!

BE DI'R TRENDS?

Mae'n hawdd cael dy hypnoteiddio gan y modelau a'r cylchgronau sgleiniog, ond paid copïo'r catwalks bob tro. Dyw'r wisg orau o *London Fashion Week* ddim am gael yr un effaith pan ti'n ei gwisgo i fynd i'r siop yn Llanbidinodyn.

MAE CLASHIO YN CŴL

Dwi'n caru cymysgu patrymau a lliwiau. Mae'n gwneud i'r wisg edrych yn ddiymdrech (er 'mod i wedi treulio oriau'n ei dewis go iawn!)

Y PETHAU BACH

Gwna i bob gwisg sefyll allan. Ychwanega bop o liw i wneud pob dydd yn ddiddorol.

DENIM DYDDIOL

Denim yw'r defnydd ffyddlon sydd wastad yno i ti. Does dim modd bod yn ddiflas efo denim.

DIM BYD YN BOD AR NEWID

Wedi diflasu efo dy steil? Tria steil gwallt newydd, pryna pâr o glustdlysau mawr, neu lipstic lliwgar. Mae'r pethau bach yn gwneud newid mawr.

FY STEIL MEWN 4 LLUN

1

2

3

4

8

CALON LÂN YN LLAWN O PIXELS
(MAE MWY I'R FFÔN NA PORN)

'Nôl yn yr hen ddyddiau, pan oedd dy rieni di'n ifanc, yr unig ffordd o lenwi'r wanc-banc oedd sbecian ar gylchgronau porn. Erbyn hyn, mae *orgies* a *fetishes* 'mond un tap i ffwrdd ar ein ffôns, ar gael o fewn eiliadau. Croeso i fyd y galon *pixelated* – secs yn yr oes ddigidol.

Y BROBLEM **EFO PORN**

Mae porn yn fusnes anferthol. Mewn astudiaeth o'r DU yn 2020, daeth i'r amlwg fod...

51% o bobl 11–13 mlwydd oed

66% o bobl 14–15 mlwydd oed

79% o bobl 16–17 mlwydd oed

Wedi gweld neu wylio pornograffi.

Mewn astudiaeth gan yr NSPCC yn 2016, daeth i'r amlwg fod...

53% o fechgyn a

39% o ferched yn meddwl bod y secs mewn porn yn realistig.

Mae gwylio porn o oedran ifanc yn gallu arwain at drafferthion rhyw, fel methu cael codiad pan fyddi di'n hŷn.

Ac er mai 'diwydiant oedolion' ydi porn, wrth iddo ddod yn rhan mwy amlwg o'r rhyngrwyd a'n bywydau bob dydd, mae mwy a mwy o bobl ifanc yn ei wylio ar wefannau am ddim. Mae hyn wedi arwain at fwy o bobl ifanc yn profi dibyniaeth ar porn.

Efallai bod hyn yn sioc i ti, ond dyw porn ar-lein ddim yn adlewyrchiad teg o secs bob dydd. A dweud y gwir, mae o mor wahanol â dydd a nos.

Dyw hynny ddim yn golygu bod porn yn ddrwg i gyd. Mae rhai fideos yn cael eu creu mewn ffordd foesol sy'n arddangos pleser, ac eraill yn rhoi cyfle i bobl arbrofi gyda ffantasis a *fetishes*, a darganfod mwy am eu hunain.

Ond mae lot o porn yn afrealistig ac yn eithafol, felly mae'n rhaid bod yn ofalus o'r hyn ti'n ei wylio. Mae'n hawdd teimlo pwysau neu bryder ar ôl gwylio porn am ei fod yn gosod disgwyliadau afrealistig am secs.

Dyma rhai pethau sy'n broblematig am porn:

Mae pawb yn gwbl ddi-flew, fel cath Sphynx

Mae blew piwbig yn bodoli am reswm. Mae'n cadw ein bits yn gynnes, ac mae'n lleihau ffrithiant yn ystod secs. 'Dan ni wedi sôn am flew ym mhennod tri, ond waeth i mi ailadrodd ddim – does dim pwysau arnat ti i edrych un ffordd neu'r llall.

Mae pob pidyn yn anferthol (Adam yw'r eithriad yn hytrach na'r rheol, ac mae'n teimlo'n anghyffyrddus am y peth)

Draw, draw yn Ngwlad y Porn, mae pob pidyn dros wyth neu naw modfedd (sydd *lot* mwy na'r pidyn cyffredin). Felly does dim rhyfedd bod bechgyn fel Dex yn rhedeg drwy gaeau'r ysgol yn noethlymun ar ôl bod yn mesur eu pidyn yn y toiled.

Y pen-ôl yw'r pinacl

Mae secs *anal* yn gyffredin iawn mewn fideos porn, ond mae nifer o bobl (syth a hoyw) yn penderfynu peidio. Paid teimlo dan bwysau i gael secs *anal*, jest am dy fod ti wedi ei weld mewn fideos ar y we. Fel pob profiad rhywiol arall, mae'n rhaid i'r ddau bartner deimlo'n gyfforddus cyn cytuno i unrhyw beth.

Os wyt ti'n penderfynu rhoi go arni, cofia fod modd dal a throsglwyddo STIs drwy secs anal hefyd. Ac er mwyn cael secs saff a phleserus, bydd angen defnyddio condom a lube gan nad yw'r anws yn creu *lubrication* naturiol.

Mae pob pidyn yr un fath

Mae rhai yn plygu i'r dde, rhai i'r chwith, rhai yn pwyntio i fyny a rhai i lawr. Mae rhai yn syth, a rhai fel siâp banana. Dysga garu dy bidyn, waeth beth yw'r siâp.

A phob labia'n berffaith

Fel wnes i sôn ym mhennod tri, does dim ffasiwn beth â labia tlws neu hyll. Mae pob un yn wahanol, ac mae pob un yn berffaith fel maen nhw.

Alla i ddim credu 'mod i wedi creu cymaint o ffws yn poeni bod fy labia'n edrych yn od. Wrth wylio porn, roedd labia pawb mor berffaith a thaclus, a wen i'n poeni bod fy rhai i'n wahanol maint i'w gilydd. Wen i ddim wedi gweld rhai fel fy rhai i mewn porn. Ond o siarad gyda Jane, fe sylwes i fod porn stars yn cael syrjeri i wneud eu labia nhw'n fwy taclus – am ffaff! Ar ôl edrych ar fy labia yn y drych fe ddisgynnais mewn cariad â phob twll a chornel ohoni. Mae hi'n edrych fel geranium fach binc. A dyna pam fi wedi pobi llwyth o gacennau efo labias gwahanol, i annog pawb i garu eu labia!
AIMEE

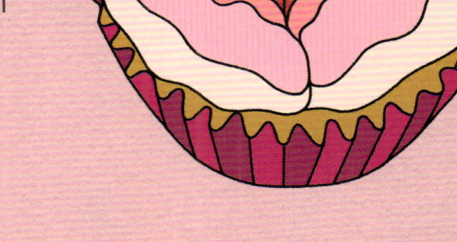

Mae pob menyw efo bŵbs ffêc

Dyw hyn ddim yn wir, a dyw pawb ddim yn hoffi bŵbs ffêc beth bynnag.

Mae pawb sydd efo pidyn yn ei ddefnyddio fel dril niwmatig

Weithiau mae *quicky* bach jest y peth, ond dyw gyrru dy bidyn i mewn ac allan fel cath i gythraul ddim wastad y ffordd orau o gael secs.

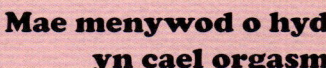

Mae menywod o hyd yn cael orgasm

Rhwng teimlo embaras yn sôn am bleser menywod, i beidio gallu trafod yr hyn sy'n gwneud iddyn nhw ddod, mae nifer o resymau pam nad yw menywod yn cael orgasm bob tro. Ond hefyd, mae menywod angen mwy o amser i gyrraedd eu cleimacs. Dydi orgasm ddim yn digwydd ar ôl 3 eiliad, fel mewn porn.

Triawdau yw'r norm

Mae triawdau, neu *threesomes*, mor boblogaidd yng Ngwlad y Porn, mae'n teimlo fel bod pawb wrthi. Ond dwyt ti ddim yn gorfod cael un os nad wyt ti ffansi. Os wyt ti'n ffeindio dau bartner arall ac mae pawb awydd ei drio, yna dos amdani. Jest paid rhoi dy hun dan bwysau – dydyn nhw ddim mor gyffredin â ti'n ei feddwl.

Mae'n rhaid defnyddio pum *position* gwahanol o bob siâp ac ongl

Weithiau mae'n teimlo bod pob actor porn yn hoffi gwneud gymnastics, ond wir yr, does 'na neb yn teimlo'n gyfforddus pan mae eu coes yn sownd i lawr ochr y soffa, a'u coes arall bron cyffwrdd y nenfwd. Does dim angen cael secs mewn ffyrdd hollol amhosib i fwynhau dy hun. Yr hyn sy'n bwysig yw mwynhau dy hun, a theimlo pleser.

Porn yw'r ffordd orau i ddysgu am secs

Dyw hyn jest ddim yn gywir. A dweud y gwir, mae porn yn llawn secs afrealistig ac weithiau, pethau sydd ddim yn dda i'n iechyd corfforol neu feddyliol.

Bydd yn ymwybodol

Does dim byd yn bod ar wylio porn, jest bydd yn ofalus o'r hyn ti'n ei wylio a'i ddysgu. Mae porn yn grêt i arbrofi efo ffantasi a *turn-ons*, ond cofia mai ffuglen yw porn, nid ffeithiau.

SECSTIO

Secstio yw gyrru negeseuon sy'n sôn am secs, neu luniau a fideos noeth o dy ffôn neu dy ddyfais electroneg. Dyma ambell ffaith am secstio:

Yn y DU, mae 38% o bobl ifanc wedi derbyn neges rywiol gan rywun arall.

Yn UDA mae 1 o bob 7 person ifanc yn secstio.

Sweden sydd â'r nifer uchaf o secstio yn Ewrop, gyda bron i 13% o bobl ifanc 11–16 oed yn gyrru lluniau noeth.

Wnes i drio secstio efo Eugene... ond doedd o ddim yn gweithio i fi. Hynny yw, nes i mi fod yn onest. am be dwi'n ei licio, ac yna roedd y ddau ohonom yn gallu mwynhau.
VIV

Mae'n bwysig cofio bod rhannu lluniau noeth neu rywiol o bobl dan ddeunaw yn **ANGHYFREITHLON** yn y DU.

Hyd yn oed os yw'r ddau berson sy'n gyrru a derbyn y negeseuon o dan ddeunaw, mae'n dal yn anghyfreithlon.

Porn dial, neu *revenge porn*, yw pan mae rhywun yn rhannu lluniau noeth neu rywiol ohonot ti heb dy ganiatâd, i godi cywilydd arnat. Mae porn dial bellach yn drosedd yn y DU a rhai gwledydd eraill, i bobl o bob oed. Felly, os wyt ti'n rhannu llun preifat o rywun heb eu caniatâd, fe all yr achos fynd i'r llys. Mae'r gyfraith yn amrywio rhwng gwledydd, ac mae'n syniad da i fod yn ymwybodol o'r cyfreithiau yn dy wlad di.

Mae lluniau cathod yn ocê!

147

Er mwyn cael yr holl wybodaeth cyn penderfynu, dyma ti ambell bwynt i'w cysidro cyn secstio.

Fel pob profiad rhywiol, mae'n bwysig fod pob partner yn cydsynio i secstio yn gyntaf, ac yn gallu penderfynu pryd a sut i'w wneud.

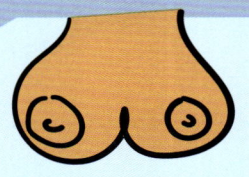

'Dan ni wedi trafod hyn yn pennod pump, ond jest i dy atgoffa – mae cydsyniad yn hollbwysig. Os wyt ti'n penderfynu rhannu dy luniau noeth, yna siarada efo dy bartner yn gyntaf. Ydyn nhw'n hapus i'w derbyn? Beth yw'r ffiniau? A paid byth rhoi pwysau ar rywun i yrru na derbyn secsts, mae'n bwysig parchu penderfyniad y person arall bob amser.

Os wyt ti am yrru lluniau, gwna'n siŵr dy fod ti'n trystio'r person arall yn gyntaf. Unwaith fyddi di wedi gwasgu *send* mi fydd y lluniau allan o dy reolaeth di. Ac unwaith maen nhw allan, does dim ffordd o'u cael yn ôl.

Fel pob perthynas arall, mae secstio yn ddibynnol ar dryst. Os oes rhywun yn rhannu llun efo ti, does gen ti ddim yr hawl i'w rannu ymhellach. Hyd yn oed os dach chi'n cael ffrae neu'n gorffen bod yn gariadon, does dim esgus am rannu lluniau pobl eraill.

Os wyt ti'n ffeindio dy hun mewn trafferth ac mae dy luniau neu negeseuon di wedi cael eu rhannu, anadla'n ddofn. Mae'n gallu achosi pryder neu dy wneud yn drist, felly siarada efo dy ffrindiau a dy deulu i gael cefnogaeth. Ac mae gen ti'r opsiwn i siarad efo'r heddlu hefyd.

Do'n i'n methu coelio'r peth pan gafodd llun o fy fylfa ei yrru i bawb yn yr ysgol, heb fy nghaniatâd. Roedd pawb yn ei rannu ac yn siarad amdano, a do'n i ddim eisiau i unrhyw un wybod mai fi oedd yn y llun. Pan ges i wybod mai Olivia rannodd y llun, ro'n i'n gandryll. Does dim esgus am rannu lluniau personol, ddim hyd yn oed os wyt ti'n flin efo'r person hwnnw. Ond ar ôl i Olivia a'r holl ferched eraill sefyll i fyny yn y gwasanaeth ysgol i ddweud mai nhw oedd yn y llun, ges i'r hyder i ddweud 'Fy fagina i yw hi'.
RUBY

Rwyt ti wedi trystio rhywun, ac maen nhw wedi torri'r tryst. Mae hyn yn brifo, ac mae'n gamgymeriad poenus iawn, ond dim ond camgymeriad ydi o ar ddiwedd y dydd. Dwyt ti ddim yn berson drwg, a dwyt ti ddim yn haeddu teimlo cywilydd na phoen.

Os wyt ti'n derbyn lluniau personol rhywun arall, boed yn rhai ffrind, seleb neu ddieithryn, does dim rhaid i ti edrych arnyn nhw na'u rhannu ymhellach. Pwy bynnag yw'r person yn y llun, dydyn nhw ddim wedi rhoi caniatâd i ti eu gweld. Rwyt ti'n gallu penderfynu peidio eu rhannu, a pheidio achosi rhagor o niwed.

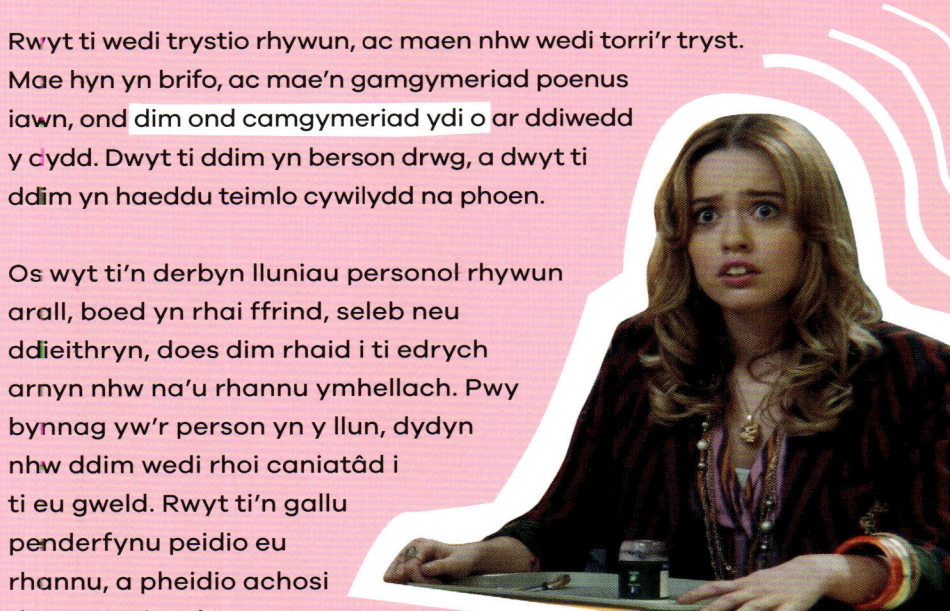

PWY SYDD AR **OCHR ARALL Y SGRIN?**

Mae gwneud ffrindiau ar-lein yn gallu bod yn beth positif. Mae sgwrsio efo mêts newydd ar y we yn gallu bod yn ffordd wych o gysylltu efo rhywun, yn enwedig os wyt ti'n swil, os wyt ti angen cymorth i symud, os oes gen ti broblemau iechyd meddwl, neu os wyt ti eisiau dod o hyd i bobl tebyg i ti. Mae darganfod cymuned ar-lein yn gallu cynnig lot o gyfleoedd.

Ond mae 'na risg o gael dy gamarwain, neu catfishio, ar-lein felly cofia wneud yn siŵr dy fod ti'n gwybod pwy sydd ar ochr arall y sgrin.

Mae'n ddigon posib bod y person ifanc, gorjys sydd newydd ofyn am dy luniau noeth yn ddyn yn ei chwedegau sy'n chwilio am ffordd o gael lluniau personol o bobl ifanc er mwyn eu gwerthu i wefannau porn.

Mae creu proffil ar-lein yn cymryd eiliadau, ac mae'n hawdd defnyddio lluniau o bobl eraill er mwyn camarwain. Os wyt ti'n cael DM gan dy hoff actor neu seren bop, mi fydd dy galon yn curo a dy ben yn ysgafn, a byddai'n hawdd gwneud rhywbeth heb feddwl.

Os wyt ti'n poeni, gwna 'chydig o ymchwil. Pa mor hir mae'r cyfrif wedi bod yn actif? Faint o ddilynwyr sydd ganddyn nhw? Oes ganddyn nhw ffrindiau sy'n gadael sylwadau ar eu postiadau a'u lluniau? Os wyt ti'n amau rhywun, hola dy ffrind am eu barn nhw. Ac os oes gen ti unrhyw bryderon,

BLOCIA A REPORTIA NHW.

DDIM YN EU FFANSÏO?
DEG FFORDD MAE MAEVE YN OSGOI DÊTS

1 Bydd yn onest a dweud wrthyn nhw fod gen ti ddim diddordeb.

2 Paid edrych yn eu llygaid.

CRYFDER

3 Blocia nhw ar dy ffôn ac ym mhob man arall.

MAEVE AM BYTH

4 Os dach chi'n fêts, deud bo' chdi ddim isio 'dinistrio'ch perthynas'. *Classic.*

5 Os dach chi ddim yn fêts, deud bo' chi angen dod i nabod eich gilydd yn well cyn i ti hyd yn oed *cysidro* mynd ar ddêt, ac yna stopia siarad efo nhw.

cariad? dim diolch.

6 Perswadia nhw bo' chdi dal mewn cariad efo dy ex.

7 Deud fod gen ti STI.

8 Gwna addewid i fynd ar dêt pan fydd Arlywydd yr UDA yn fenyw.

9 Gofyn iddyn nhw restru 20 llyfr ffeminist cyn i ti gytuno.

10 Cytuna i fynd ar ddêt, ond MOND i gig Bikini Kill

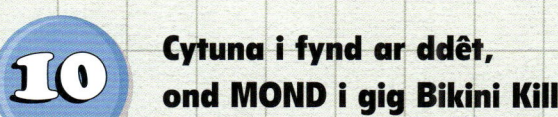

HARBWR DIOGEL

Weithiau, dyw bywyd ddim yn berffaith.

Mae'r byd yn lle anhygoel a phrydferth, ond yn anffodus, mae pawb yn ffeindio eu hunain mewn sefyllfaoedd anodd o bryd i'w gilydd. A dyna pan 'dan ni am drafod y pethau difrifol rŵan, fel anffafriaeth, trais, aflonyddwch, ymosodiadau a beichiogrwydd ar ddamwain, fel bod gen ti'r holl wybodaeth i dy arfogi di.

BEICHIOGRWYDD **AR DDAMWAIN**

Dylai neb orfod poeni am secs – mae'n rhan hwyliog ac iach o'n bywydau. Felly os wyt ti'n cael rhyw ond ddim yn teimlo'n barod i fod yn rhiant, mae'n bwysig bod yn saff. 'Dan ni wedi trafod yr holl opsiynau atalgenhedlu yn ôl ym mhennod chwech, ac wedi mynd mlaen a mlaen am secs saff. Ond mae MOR bwysig i ti gymryd hyn o ddifri.

Mae'n anodd credu, ond mae

45% o bob beichiogrwydd, a thua un o bob tair genedigaeth ar draws y byd, yn digwydd heb eu cynllunio.

A beth am pan mae pobl ifanc yn beichiogi? Wel, mae

50% yn gorffen mewn erthyliad.

154

Y newyddion da yw bod llai a llai o bobl ifanc yn beichiogi ar ddamwain yng Nghymru a Lloegr dros y blynyddoedd diwethaf. A dweud y gwir, mae'r nifer wedi haneru yn yr ugain mlynedd ddiwethaf.

BETH I'W WNEUD OS YDW I'N MEDDWL **'MOD I'N DISGWYL**

Y peth cyntaf i'w wneud os wyt ti'n meddwl dy fod ti'n disgwyl yw gwneud prawf. Mae'r rhain ar gael ym mhob fferyllfa ac archfarchnad. Os wyt ti'n cael canlyniad positif, bydd angen i ti feddwl am y camau nesaf yn ofalus, a phenderfynu be sydd orau i ti.

Dyma un o'r penderfyniadau mwyaf fydd rhaid i ti ei wneud, felly cymera dy amser. Siarada efo dy rieni, dy deulu neu dy ffrindiau lle'n bosib, neu unrhyw un ti'n eu trystio.

Yn aml iawn, mae siarad yn dy helpu i wneud penderfyniad.

Mi fedri di siarad efo doctor neu nyrs hefyd, os wyt ti eisiau cyngor meddygol, ac mae modd gwneud hyn yn gyfrinachol. Bydd popeth ti'n ei rannu yn cael ei gadw rhyngddot ti a'r doctor neu'r nyrs, felly does dim rhaid poeni eu bod am basio'r wybodaeth ymlaen i unrhyw un.

Weithiau mi fydd prawf positif yn sioc, ond yn dy wneud di'n hapus. Os wyt ti'n teimlo'n barod i gael plentyn, yn feddyliol ac yn ariannol, ac os oes gen ti'r gefnogaeth i wneud hynny, mae'n bosib y byddi di'n penderfynu parhau â'r beichiogrwydd.

Os felly, y cam nesaf yw gwneud apwyntiad i gael gofal cyn-geni (*antenatal*, neu ofal mamolaeth) lle bydd gweithwyr iechyd proffesiynol yn dy arwain di drwy'r daith. Mae'n bosib cael apwyntiad drwy dy feddyg teulu, neu'n uniongyrchol drwy gysylltu â dy fydwraig agosaf.

BETH YW'R **OPSIYNAU?**

Dydi cadw'r babi ddim yn opsiwn i bawb. Os nad wyt ti'n barod i ddechrau teulu, mae 'na gwpwl o opsiynau ar gael.

ERTHYLIAD
Ur opsiwn i'r rheiny sydd ddim yn barod am fabi yw terfynu'r beichiogrwydd drwy gael erthyliad.

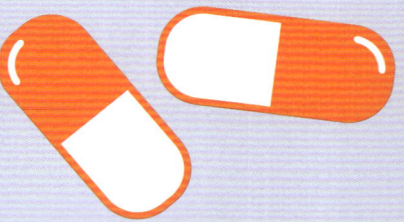

Mae erthyliad yn digwydd drwy feddyginiaeth neu lawdriniaeth, ac mae'n saffach cael erthyliad mor fuan â phosib. Mae'r mwyafrif yn digwydd o fewn 24 wythnos yng Nghymru. Mae'n anghyffredin iawn i erthylu ar ôl 24 wythnos, ac mae ond yn digwydd mewn argyfwng, e.e. os yw bywyd y fam mewn perygl.

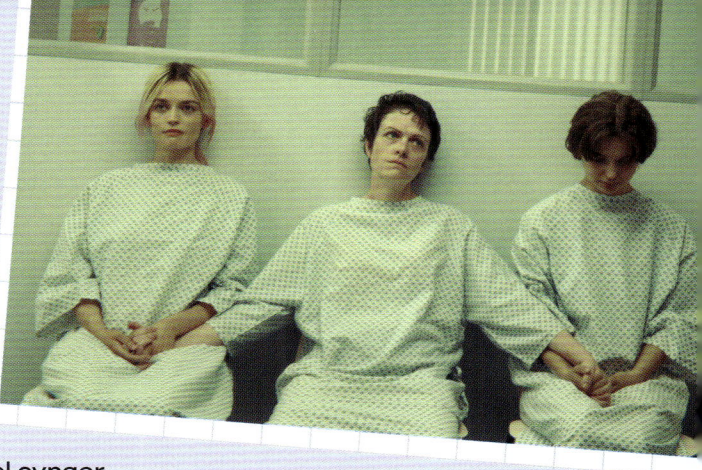

Mae'r gyfraith erthylu yn ddibynnol ar y wlad lle'r wyt ti'n byw. Os wyt ti'n ystyried cael erthyliad, darllena adnoddau swyddogol ar-lein neu siarada â ffrind neu weithiwr iechyd proffesiynol i gael cyngor.

Beth bynnag yw dy benderfyniad, cofia fod pob erthyliad angen digwydd dan ofal clinig trwyddedig. Mae triniaeth answyddogol yn gallu bod yn beryg, ac yn gallu dy ladd.

Mae'r profiad yn gallu bod yn un emosiynol i rai, felly beth am ofyn i rywun ti'n eu trystio ddod gyda ti fel cefnogaeth lle mae hynny'n bosib?

Bwnsh o flodau i ddathlu fy erthyliad.
MAEVE

MABWYSIADU

Os nad yw erthyliad yn opsiwn, mae'n bosib mai mabwysiadu fydd y dewis gorau i ti.

Mae hyn yn golygu bod angen parhau â'r beichiogrwydd a geni'r babi, felly meddylia'n ofalus cyn gwneud unrhyw benderfyniad. Wyt ti'n barod i fod yn feichiog am naw mis? Mae geni babi yn rhoi straen corfforol a meddyliol ar ein cyrff, heb sôn am y straen emosiynol o adael i'r babi fynd at rieni newydd. Gall fod yn brofiad hynod o straenllyd.

Os mai mabwysiadu yw'r opsiwn gorau i ti, gwna ddigon o ymchwil cyn penderfynu ar asiantaeth mabwysiadu. Mae'n bwysig teimlo'n gyfforddus efo'r asiantaeth a'r broses. A chofia, unwaith mae'r broses wedi ei chwblhau, ni fydd gen ti hawliau cyfreithiol i'r plentyn, a does dim modd newid dy feddwl.

Fel pob un o'r penderfyniadau hyn, mae'n hollbwysig cael cefnogaeth a chyngor gan dy ffrindiau a theulu, yn ogystal â gweithwyr iechyd pan fo angen. Os wyt ti'n bryderus neu'n ansicr ar unrhyw gam o'r daith, mae'n bosib cael cyngor arbenigol gan weithwyr cymdeithasol mewn clinig mamolaeth.

Beth bynnag dy benderfyniad, mi fyddi di angen cefnogaeth a chariad gan dy gymuned, felly paid bod ofn gofyn am gymorth os yw pethau'n ormod i ti. Weithiau mae'n haws siarad â rhywun tu hwnt i dy deulu neu ffrindiau. Yn yr achos yma, gall dy ddoctor wneud apwyntiad i ti siarad â chwnselydd, neu mae'n bosib ffonio elusen am gefnogaeth ychwanegol.

CEFNOGAETH

YMOSODIADAU RHYWIOL A **THRAIS**

'Dan ni wedi trafod pwysigrwydd cydsyniad ym mhennod pump, ac wedi dysgu bod cydsyniad y ddau bartner yn angenrheidiol cyn unrhyw brofiad rhywiol. Mae unrhyw brofiad rhywiol sy'n digwydd heb gydsyniad yn ymosodiad rhywiol, neu'n drais.

Yn y DU, mae ymosodiad rhywiol yn cynnwys unrhyw achos ble mae rhywun yn cael eu gorfodi i gael profiad rhywiol yn groes i'w hewyllys. Mae'n cynnwys cyffyrddiadau rhywiol heb gydsyniad. Ymosodiad drwy dreiddiad (penetration) yw pan mae rhywun yn treiddio'r fagina neu'r anws gyda rhan o'u corff neu wrthrych, heb gydsyniad.

Pan mae rhywun yn rhoi eu pidyn mewn fagina, ceg neu anws heb gydsyniad, mae'n weithred o dreisio.

Os wyt ti'n profi ymosodiad rhywiol neu'n cael dy dreisio, nid ti sydd ar fai. **Go iawn**. Dim bwys os wyt ti'n nabod y person, os ydyn nhw'n ddieithryn, os wyt ti wedi meddwi neu ar gyffuriau, dim bwys be oeddet ti'n ei wisgo. Nid ti sydd ar fai. Yr unig un sydd ar fai yw'r ymosodwr.

Ar ôl profi ymosodiad rhywiol neu dreisiol, mae'n bosib byddi di'n teimlo cywilydd, trawma neu embaras. Mae hyn yn normal; rwyt ti wedi bod drwy ddigwyddiad trawmatig iawn, ac mae'n cymryd amser i ddod i ddeall dy deimladau. Mae'n bwysig i ti allu teimlo rheolaeth dros dy gorff a dy benderfyniadau eto, felly ti sy'n cael penderfynu sut i ymateb.

Os oes gen ti bryderon am anafiadau, STIs neu feichiogrwydd, mae cefnogaeth ar gael drwy'r gwasanaeth iechyd. Mae gweithwyr iechyd mewn ysbytai, clinigau rhyw, neu glinig arbenigol ar gyfer ymosodiadau rhyw yno i edrych ar dy ôl a rhoi gofal, cyngor a chefnogaeth i ti. Fe fyddan nhw'n gallu darparu gwybodaeth am y camau nesaf hefyd, gan gynnwys gofal corfforol a chefnogaeth iechyd meddwl.

Mae elusennau a mudiadau arbenigol sy'n cynnig cefnogaeth i'r rheiny sydd wedi bod drwy ymosodiadau rhywiol. Gwna ymchwil i'r hyn sydd ar gael yn dy ardal leol neu ar-lein, lle mae modd cysylltu ag arbenigwyr sydd wedi eu hyfforddi yn y maes. Mae cefnogaeth a chyngor wastad ar gael.

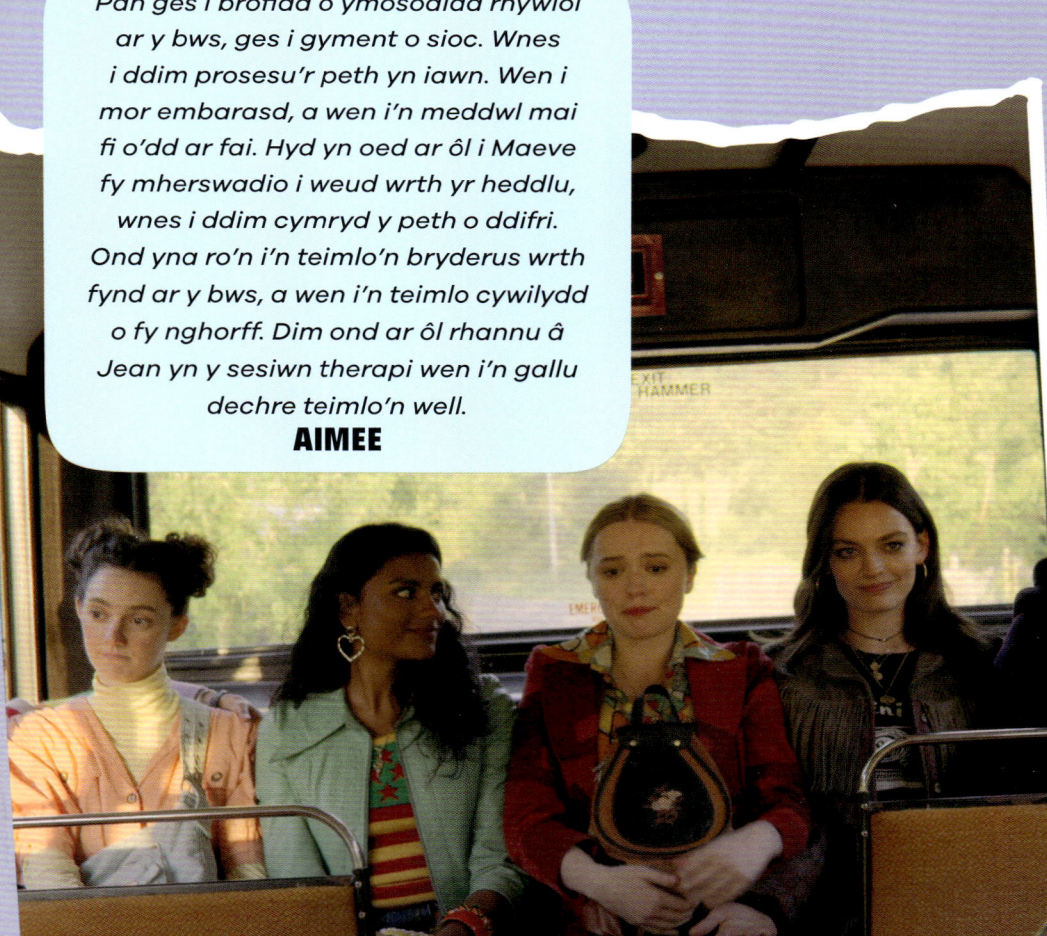

Pan ges i brofiad o ymosodiad rhywiol ar y bws, ges i gyment o sioc. Wnes i ddim prosesu'r peth yn iawn. Wen i mor embarasd, a wen i'n meddwl mai fi o'dd ar fai. Hyd yn oed ar ôl i Maeve fy mherswadio i weud wrth yr heddlu, wnes i ddim cymryd y peth o ddifri. Ond yna ro'n i'n teimlo'n bryderus wrth fynd ar y bws, a wen i'n teimlo cywilydd o fy nghorff. Dim ond ar ôl rhannu â Jean yn y sesiwn therapi wen i'n gallu dechre teimlo'n well.
AIMEE

Os wyt ti'n penderfynu cysylltu â'r heddlu, mi ddylai rhywun wneud prawf fforensig mor fuan â phosib i gasglu tystiolaeth. Mae'n bwysig peidio golchi'r dillad roeddet ti'n eu gwisgo nes bod yr heddlu wedi gallu eu harchwilio hefyd. Bydd rhaid i ti ailadrodd beth ddigwyddodd a rhoi'r holl fanylion i'r heddlu, a gall hyn fod yn anodd. Os wyt ti wedi bod drwy unrhyw ddigwyddiad trawmatig, ceisia siarad efo ffrind, aelod o deulu neu rhywun proffesiynol er mwyn cael cefnogaeth ar hyd y daith.

CEFNOGAETH

Rhaid gwrando ar eraill heb wneud ein hunain yn ganolbwynt.
JEAN

ANFFAFRIAETH AC
YMOSODIADAU

Rydym yn siarad ac yn dysgu mwy a mwy am gyfiawnder i bawb, am ddeall a derbyn pob hunaniaeth. Ond mae anffafriaeth yn dal i fodoli, ar sail rhywedd, rhywioldeb, ethnigrwydd, anabledd a chrefydd. Mae bwlio, aflonyddu a defnyddio geiriau cas i gyd yn fath o anffafriaeth. Ond mae casineb yn gallu troi'n ymosodiadau corfforol.

Mae'n gas gen i siarad am hyn, ond dwi'n gwybod 'mod i mewn mwy o berygl fel dyn hoyw du. Wnes i brofi trosedd casineb oherwydd pwy ydw i, a wnaeth o fy newid i. Ro'n i'n gwneud fy hun yn llai, ac yn ceisio ffitio i mewn drwy fod yn llai amlwg. Yn y diwedd wnes i sylwi bod angen i mi fod yn fi er mwyn bod yn hapus, ond mae gwybod bod rhai yn fy nghasáu am pwy ydw i'n dal yng nghefn fy meddwl bob dydd.
ERIC

Os oes rhywun yn ymosod arnat, gall gael effeithiau hirdymor ar dy hunanhyder, hunaniaeth a dy iechyd meddwl. Lle mae'n bosib, siarada efo dy ffrindiau neu deulu, ymuna â grŵp cymorth, neu dos i weld rhywun proffesiynol i dy helpu i ddelio â'r holl emosiynau. Mae cyfreithiau yn eu lle mewn nifer o wledydd i amddiffyn pobl rhag ymosodiadau, felly mae modd rhoi gwybod i'r heddlu.

Os wyt ti'n gweld enghraifft o ymosodiad neu anffafriaeth, mae'n bwysig codi dy lais, hyd yn oed os yw'n teimlo fel rhywbeth bach a dibwys. Efallai bod rhywun yn dweud mai 'jest jôc' oedd eu sylwadau, ond does dim jôc wrth drafod casineb. Mae digon o ffyrdd i gwffio yn erbyn anffafriaeth, gan gynnwys brwydro dros hawliau pob grŵp, cynyddu ymwybyddiaeth, ymuno ag ymgyrch, addysgu dy hun a'r rheiny o dy gwmpas, a chefnogi elusennau a mudiadau gwirfoddol yn ariannol.

MAE HELP
AR GAEL

Mae ymosodiad yn beth ofnadwy, ac mae'n cymryd amser i ddygymod â'r trawma a dy emosiynau. Cofia fod help wastad ar gael, ac mae dy GP yn gallu dy gyfeirio at gwnselydd unrhyw bryd.

Dwyt ti DDIM
ar ben dy hun.

HELP – Dwi'n methu deud 'na'!

Dwi'n methu deud na wrth fy ffrindiau pan maen nhw'n gofyn am help. Os ydyn nhw'n gofyn am help efo'u gwaith cartref, dwi'n gwneud o drostyn nhw. Os ydyn nhw angen lifft, fi ydi'r tacsi drwy'r nos. Dwi isio deud na, ond mae gen i ofn iddyn nhw stopio bod yn ffrind i mi. Be fedra i wneud?

Aimee

Fi'n meddwl bod o'n neis bod yn neis. Os oes rhywun moyn ffafr, pam ddim eu helpu? Fi'n gwybod bod rhai yn cymryd maintais, fel pan wnes i gael parti yn nhŷ fy rhieni, a wnaeth loads o stwff falu. Ond ddylwn i fod wedi symud popeth yn gyntaf beth bynnag.

Un peth fi ddim yn hoffi o gwbl yw pobl gas. Os yw dy ffrindiau'n cymryd mantais ohonot ti, mae angen i ti sefyll lan dros dy hun. Ond gwna fe mewn ffordd neis – falle drwy bobi cacen?

VIV

Gwranda ar dy hun! Fyddwn i byth yn gadael i rywun drin fi fel hyn, felly pam wyt ti? Rhaid i ni sefyll fyny dros ein hunain yn y byd 'ma – dwi'n gwybod pwy ydw i, dwi'n gwybod be dwi eisiau, ac os nad yw'n ffrindiau i'n fy helpu i gyrraedd fy nod, wel. Ta-ta. Does gen i ddim llwyth o ffrindiau oherwydd hyn, ond o leiaf dwi'n hapus ynof fi fy hun.

Y peth pwysig i'w gofio yw parchu dy hun a dy amser. Mae'n well cael 'chydig o ffrindiau da na lot o ffrindiau sy'n cymryd mantais ohonot ti.

10

MEDDWL AM DY IECHYD MEDDWL

O chwerthin i grio, o gariad i gasineb, mae gennym ni i gyd emosiynau sy'n newid o ddydd i ddydd (neu o awr i awr os wyt ti'n cael diwrnod drwg!).

Mae deall dy emosiynau yn beth iach, er yn boenus weithiau, ac mae dysgu amdanat ti dy hun yn golygu bod hi'n haws rheoli dy deimladau yn y pen draw.

IECHYD **MEDDWL**

Mae iechyd meddwl yn effeithio ar bawb. Hyd yn oed os nad wyt ti'n stryglo efo dy iechyd meddwl, mae'n bwysig bod yn ymwybodol ohono. Rwyt ti neu rywun rwyt ti'n nabod yn debygol o fod yn dioddef o broblemau iechyd meddwl. A tra ei bod hi'n hawdd cofio i edrych ar ôl ein corff drwy fwyta'n iach neu wneud ymarfer corff, dyw hi ddim mor hawdd cofio am ein ymennydd.

Mae **50%** o broblemau iechyd meddwl yn y DU yn dechrau o 14 mlwydd oed. Er hyn, dyw

75% o bobl ifanc efo problemau iechyd meddwl yn y DU ddim yn derbyn triniaeth.

Dyw problemau iechyd meddwl ddim yn newydd, ond pan oedd nain a taid yn iau, roedd popeth yn cael ei sgubo dan y carped efc'r briwsion a'r llwch i gyd. Diolch byth, heddiw mae pobl yn gallu cael sgyrsiau onest ac agored am iechyd meddwl, ac mae mwy a mwy o adnoddau ar gael ar flaenau ein bysedd.

Diolch i gyfryngau cymdeithasol ac i bobl sy'n ymgyrchu dros iechyd meddwl, mae'r agwedd hen ffasiwn o beidio trafod ein problemau yn newid. O'r diwedd,

MAE'N IAWN I BEIDIO BOD YN IAWN,

ac i siarad am dy broblemau

SIARADA. MAE'N HELPU

Does dim llawer o bobl ar y blaned sydd heb gael problem gyda'u hiechyd meddwl o'r blaen, hyd yn oed os nad oedd yn un barhaol. Mae gan bawb eu ffiniau, a phan mae pethau'n mynd yn ormod mae dy broblemau'n troi'n orbryder, iselder neu'n broblemau iechyd meddwl eraill.

Mae popeth yn gallu cael effaith ar ein hiechyd meddwl, ac mae pawb yn delio efo'r problemau'n wahanol. Efallai dy fod ti'n gallu delio efo'r sefyllfa, tra mae eraill yn cael eu gyrru i banig mawr. Mae pawb yn wahanol a does dim un ffordd berffaith i ddelio efo dy emosiynau, dim ond dy fod ti'n ymwybodol o dy iechyd meddwl. Y mwya ti'n ei ddeall amdanat ti dy hun, yr hawsaf fydd delio efo'r problemau.

EMOSIWN

Mae ffrindiau'n rhannu eu problemau.
OTIS

Rhai pethau sy'n gallu cael effaith ar ein hiechyd meddwl yw ffrindiau, cariadon, arian, newidiadau mawr yn ein bywydau, penderfyniadau anodd, iechyd, rhywioldeb, poeni am ein cyrff, a digwyddiadau trawmatig fel marwolaeth neu salwch teulu a ffrindiau.

Mae ymchwil yn dangos bod pobl anabl dair gwaith mwy tebygol o ddioddef problemau iechyd meddwl. Mae sefyllfa pawb yn wahanol, wrth gwrs, ond gall hyn fod os wyt ti'n teimlo'n unig neu os yw'n anoddach i gael mynediad i gefnogaeth neu gymorth angenrheidiol.

Mae siarad efo pobl sy'n dioddef yr un fath yn gallu bod yn gymorth mawr. Mae'n help i wybod nad wyt ti ar ben dy hun, ac mae'n gallu cynnig persbectif newydd. Os wyt ti eisiau siarad efo rhywun, hola dy ddoctor am gyngor, neu chwilia am grŵp cymorth ar-lein neu'n lleol.

Gorbryder ac iselder – maen nhw'n rhan o'n bywydau bob dydd erbyn hyn. Ond ydyn nhw'n wahanol?

BETH YW GORBRYDER?

Mae pawb yn teimlo'n bryderus o bryd i'w gilydd, mae'n ymateb hollol normal pan rwyt ti dan bwysau. Mae'r teimlad o ddwylo chwyslyd a dy stumog yn troi yn un cyfarwydd i ni, yn enwedig cyn arholiad mawr neu cyn gorfod siarad o flaen yr ysgol i gyd. Fel arfer mae'r teimlad yn pasio, ond weithiau gall effeithio ar dy fywyd bob dydd.

Gall y teimlad o bryder, ofn a phanig bara am ddiwrnodau, gan wneud i ti osgoi rhai sefyllfaoedd pryderus sy'n gallu gwneud hi'n anodd byw bywyd normal. Mae rhai pobl yn cael trafferth cysgu am fod eu meddwl ar ras, ac mae bron yn amhosib ymlacio neu 'ddianc' o'r pryder.

I geisio lleddfu'r pryder, beth am drio rhai o'r rhain nes wyt ti'n ffeindio rhywbeth sy'n gweithio?

> Cadw cofnod o sefyllfaoedd sy'n gwneud i ti deimlo'n bryderus, i weld a oes llinyn cyffredin yn cysylltu pob un

> Clustnodi amser penodol bob dydd i ti gael meddwl a delio efo dy bryderon

> Sgwennu am dy broblemau, a cheisio meddwl am ffyrdd i ddatrys neu herio'r pryderon

> Ceisio ymlacio drwy ymarferion anadlu, ioga, technegau meddwlgarwch – mae 'na lwyth o apiau gwych sy'n rhoi help llaw i ti ganolbwyntio ar y presennol yn hytrach na'r pryder.

> Os yw'r gorbryder yn cael effaith ar dy fywyd bob dydd, neu'n teimlo'n ormod i ti, cysyllta efo gweithiwr iechyd proffesiynol am help.

Pan mae pobl yn fy nghyfarfod, dy'n nhw byth yn meddwl 'mod i'n dioddef o orbryder. Dy'n nhw ddim yn sylwi 'mod i'n cuddio'r holl emosiynau. Ond pan ges i sgwrs agored efo Jackson, a chlywed am ei brofiad o efo gorbryder, wnes i sylwi 'mod i ddim ar fy mhen fy hun. Does dim angen i mi guddio fy nheimladau ddim mwy.
CAL

BETH YW ISELDER?

Mae pawb yn euog o ddweud 'dwi'n teimlo'n depressed' pan maen nhw'n drist neu'n ffed-yp. Ond mae iselder go iawn yn deimlad sy'n gallu dy effeithio am wythnosau neu fisoedd hyd yn oed. Mae'r rheiny sy'n dioddef o iselder yn gallu teimlo fel petaen nhw'n sownd o dan bwysau carreg fawr, neu wedi eu cloi mewn stafell dywyll heb ffordd allan. Mae cyfnodau hir o iselder yn gallu effeithio eu gwellhad, gan nad ydyn nhw'n gallu gweld unrhyw ffordd o wella. Gall rhai brofi teimladau tywyll iawn, gan gynnwys meddwl am ladd eu hunain.

DWI O HYD YN DRIST
- RUBY

Weithiau mae iselder yn cael ei achosi gan rywbeth penodol, fel trawma neu farwolaeth, ond weithiau does dim un peth sy'n ei achosi. Yn ogystal â theimlo tristwch ac anobaith, mae iselder yn gallu achosi blinder, diffyg cwsg, colli awydd bwyd, a phoenau corfforol.

Mae pawb yn profi iselder mewn ffordd wahanol, ond y peth pwysig yw ceisio cael help mor fuan â phosib.

Gyda thriniaeth, mae modd rheoli dy iselder a hyd yn oed gwella'n llwyr. Yn ddibynnol ar ddifrifoldeb yr iselder, gall triniaeth gynnwys therapi siarad, fel therapi gwybyddol ymddygiadol (*cognitive behavioural therapy*, neu CBT) grwpiau cymorth, newidiadau i dy fywyd, neu gyffuriau gwrthiselder.

PROBLEMAU IECHYD MEDDWL ERAILL

Dim ond dau o gannoedd o broblemau iechyd meddwl yw iselder a gorbryder. Os wyt ti'n dioddef o unrhyw broblem iechyd meddwl, mae'n bwysig chwilio am help. Hyd yn oed os wyt ti wedi sylwi ar ambell arwydd o'r problemau isod, mae'n bwysig siarad efo rhywun. Mae chwilio am help yn well nag anwybyddu'r broblem.

ANHWYLDER PANIG

Mae anhwylder panig yn anhwylder gorbryder, pan fydd rhywun yn cael ==pyliau sydyn o banig neu bryder heb fodd eu rheoli==. Dyw'r pyliau ddim o hyd yn gysylltiedig ag unrhyw beth penodol, felly gall ddigwydd unrhyw bryd.

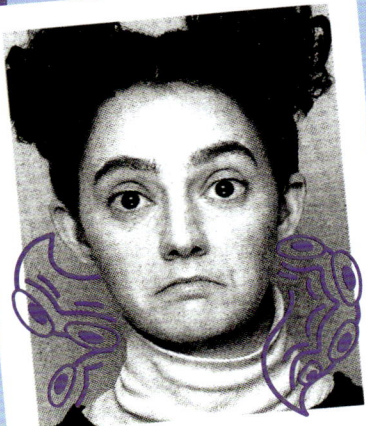

Mae'n amhosib dweud pwy sy'n dioddef o broblemau iechyd meddwl. Weithiau, mae'r rheiny sy'n edrych fel bod popeth yn iawn wedi dysgu cuddio eu problemau o dan yr wyneb.

Roedd pawb yn yr ysgol yn meddwl 'mod i'n berffaith. Ro'n i'n boblogaidd, yn hapus (o'r tu allan), fi oedd seren y tîm nofio, ac roedd y merched i gyd yn fy ffansïo. Do'n i ddim isio cyfaddef 'mod i'n dioddef pyliau o banig, achos doead gen i ddim byd i boeni amdano. Ond roedd y panig yn mynd yn waeth ac yn waeth, ac ro'n i'n meddwl 'mod i'n mynd i farw. Mae deall be sy'n achosi'r panig, a siarad am fy mhroblemau, wedi gwneud byd o wahaniaeth i fi wrth i fi ddysgu rheoli'r pyliau.
JACKSON

Mae pyliau o banig yn gallu digwydd unrhyw bryd, heb rybudd, ac mae hyn yn gallu ychwanegu at y teimlad o bryder. Mae'n gylch dieflig o ofni'r pryder, a teimlo pryder am yr ofn, nes bod hyn yn arwain at bwl o banig.

Pan sylwais fod Jackson wedi brifo ei hun, roedd rhaid i fi wneud rhywbeth. Dwi'n ffrind iddo, felly fe es i at ei rieni am ei fod o angen ein help.
VIV

Gall symptomau pwl o banig gynnwys:

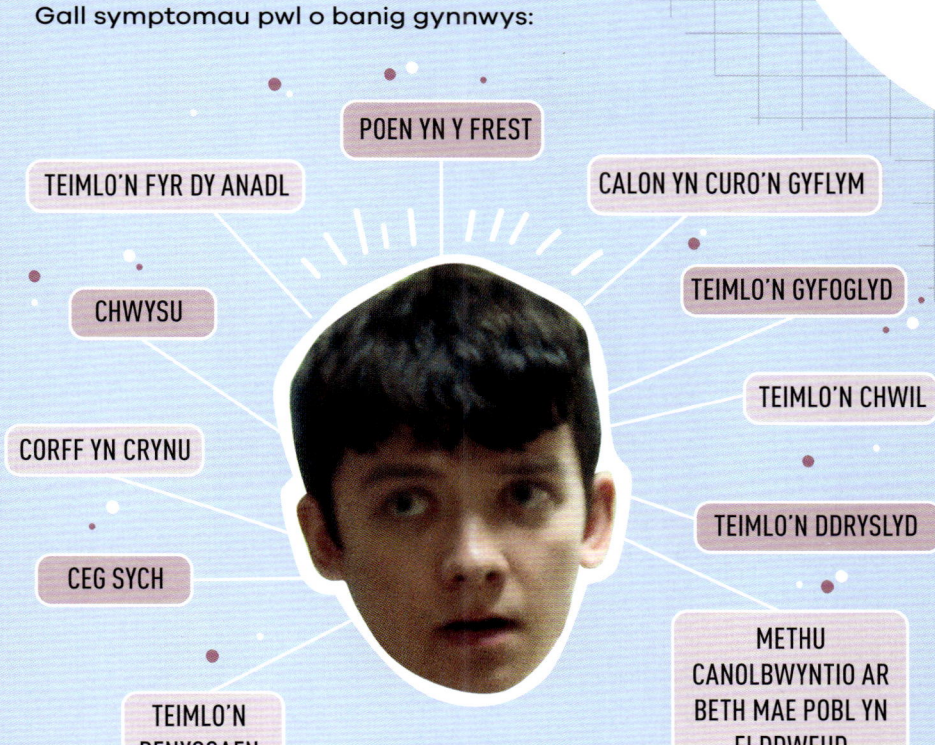

POEN YN Y FREST

CALON YN CURO'N GYFLYM

TEIMLO'N FYR DY ANADL

TEIMLO'N GYFOGLYD

CHWYSU

TEIMLO'N CHWIL

CORFF YN CRYNU

TEIMLO'N DDRYSLYD

CEG SYCH

METHU CANOLBWYNTIO AR BETH MAE POBL YN EI DDWEUD

TEIMLO'N BENYSGAFN

Gall pwl o banig bara rhwng pump ac ugain munud, ond mewn rhai achosion gall bara hyd at awr. Mae rhai pobl yn cael mwy nag un pwl yr wythnos, ac eraill yn gallu mynd am fisoedd heb gael pwl.

Mae'n bwysig pwysleisio, er bod pwl o banig yn teimlo'n ddychrynllyd, nid yw'n beryglus. Y cam cyntaf os wyt ti neu rywun o dy gwmpas yn cael pwl yw ffonio'r doctor. Bydd y doctor yn gallu siarad gyda thi am dy brofiadau a gweld os oes unrhyw beth penodol yn achosi'r pwl, cyn awgrymu triniaeth i ti.

DIFFYG CWSG

Mae diffyg cwsg, neu insomnia, yn golygu dy fod ti'n cael trafferth cysgu, aros ynghwsg, neu'n teimlo blinder mawr ar ôl deffro er dy fod wedi cysgu'n iawn.

Mae diffyg cwsg yn broblem gyffredin (mae pawb wedi cael noson o fod yn effro am 4 y bore a methu stopio meddwl am bwy fyddai'n ennill mewn ffeit rhwng siarc a llew). Ond i rai pobl mae'r symptomau'n gallu para wythnosau, misoedd neu flynyddoedd hyd yn oed. Mewn rhai achosion eithafol, mae'n gallu achosi diffyg canolbwyntio, hwyliau gwael, ac yn gallu arwain at orbryder ac iselder.

Mae pwysau ysgol neu waith, alcohol, caffein, synau allanol a gwely anghyfforddus i gyd yn gallu achosi diffyg cwsg.

Dyma rai pethau all dy helpu i ddisgyn i gysgu:

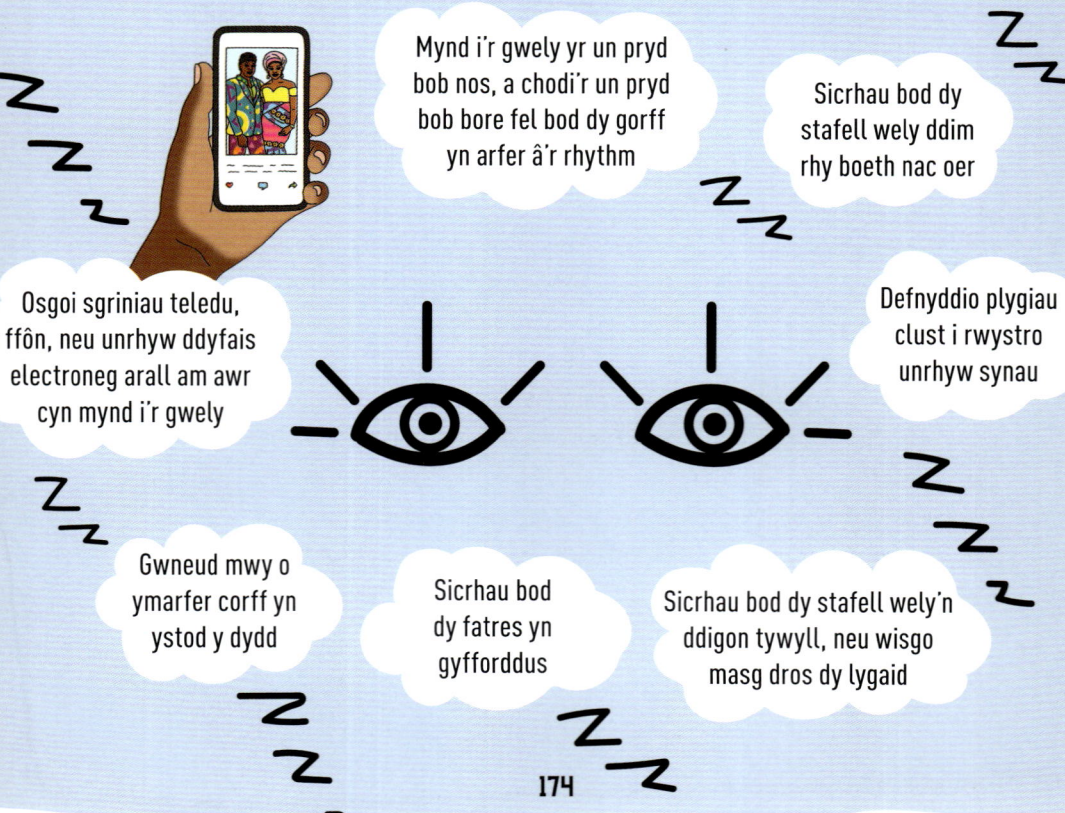

Mynd i'r gwely yr un pryd bob nos, a chodi'r un pryd bob bore fel bod dy gorff yn arfer â'r rhythm

Sicrhau bod dy stafell wely ddim rhy boeth nac oer

Osgoi sgriniau teledu, ffôn, neu unrhyw ddyfais electroneg arall am awr cyn mynd i'r gwely

Defnyddio plygiau clust i rwystro unrhyw synau

Gwneud mwy o ymarfer corff yn ystod y dydd

Sicrhau bod dy fatres yn gyfforddus

Sicrhau bod dy stafell wely'n ddigon tywyll, neu wisgo masg dros dy lygaid

Dyw doctoriaid ddim yn cynghori meddyginiaeth dros y cownter
i ddelio â diffyg cwsg, achos gall y rhain arwain at sgileffeithiau
negyddol. Os nad yw'r syniadau yma yn helpu, neu os yw'r diffyg cwsg
yn dechrau effeithio ar dy fywyd pob dydd, dos i weld dy ddoctor.

HUNAN-NIWEIDIO

Hunan-niwedio yw pan rwyt ti'n brifo dy hun ar bwrpas. Gall hyn
fod yn ffordd o ddelio efo dy emosiynau, atgofion poenus, neu
geisio cael rheolaeth dros dy fywyd.

Yn aml, mae pobl yn hunan-niweidio fel ffordd o dynnu eu meddwl
oddi ar deimladau poenus. Ond unwaith mae'r poen corfforol
yn pasio, mae'r emosiynau yn dal yno. Gall hyn wneud i'r person
deimlo'n waeth, neu geisio ailadrodd yr ymddygiad. Mae pobl yn
troi at hunan-niweidio er mwyn ymdopi gyda phoen yn y presennol
neu'r gorffennol, neu weithiau does dim
rheswm amlwg dros y niweidio.

Os wyt ti'n niweidio dy hun, neu wedi ystyried
y peth, dos i siarad efo dy ddoctor yn syth,
neu cysyllta efo elusen arbenigol.

ANHWYLDER AFFEITHIOL DEUBEGWN

Mae anhwylder affeithiol deubegwn (*bipolar disorder*) yn effeithio
dy hwyliau – fe fyddi di'n symud yn gyflym o un pegwn emosiynol
i'r llall.

Weithiau mi fyddi di'n teimlo'n llawn egni, yn hapus ac yn
gynhyrchiol; yr enw am hyn yw mania. Mae hyn yn cael ei ddilyn
gan gyfnod o iselder ble byddi di'n teimlo'n isel, yn anobeithiol
ac wedi blino. Mae rhai yn ystyried lladd eu hunain yn ystod y
cyfnodau hyn.

Yn wahanol i newid mewn hwyliau, mae pobl sy'n dioddef o anhwylder affeithiol deubegwn yn profi cyfnodau sy'n para wythnosau neu fwy. Yn aml, maen nhw'n cael diagnosis o iselder gan nad ydynt wedi cael cyfnod manig ers rhai blynyddoedd.

Mae triniaeth ar gael i helpu pobl reoli eu hwyliau. Rhai opsiynau yw dysgu be sy'n achosi'r pyliau, therapi siarad, a meddyginiaeth. Sicrada efo'r doctor i weld be sydd orau i ti.

Beth yw ffair ond rhywbeth i dynnu sylw o farwolaeth?
MAEVE

ANHWYLDER GORFODAETH OBSESIYNOL

Mae anhwylder gorfodaeth obsesiynol, neu OCD (*Obsessive Compulsive Disorder*) yn achosi meddyliau obsesiynol ac ymddygiad cymhellol.

Mae obsesiynau yn feddyliau afresymol na ellir eu rheoli na'u hanwybyddu, ac maen nhw wastad yno. Mae gorfodaeth yn ymddygiad ailadroddus sy'n cael ei wneud i leddfu'r meddyliau obsesiynol. Mae'r rheiny sy'n dioddef o OCD yn gallu teimlo'r angen i ailadrodd patrymau neu arferion i geisio teimlo'n well, fel gwirio bod dyfeisiau electroneg wedi eu diffodd, neu lanhau'r un bwrdd drosodd a throsodd. Mae rhai'n credu bydd rhywbeth ofnadwy yn digwydd os nad ydyn nhw'n ailadrodd yr un patrwm yn ddigon aml.

Gall effeithio unrhyw un, o unrhyw oedran, ond mae'n fwy tebygol o ddatblygu mewn oedolion ifanc. Mewn achosion eithafol, mae'n gallu rhwystro'r unigolyn rhag cael bywyd normal, ac felly mae angen cael help proffesiynol.

Fel arfer, y doctor yw'r person cyntaf i'w ffonio, ond mae llinellau cymorth, grwpiau cymorth ac apiau ar gael i helpu os wyt ti'n teimlo bod dy anhwylder yn hawdd i'w drin dy hun.

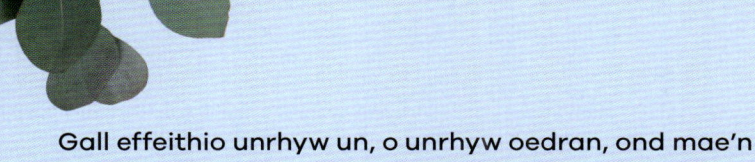

ANHWYLDERAU **BWYTA**

Mae anhwylderau bwyta yn broblem seicolegol pan fydd rhywun yn datblygu obsesiwn efo'u corff a'u bwyd, yn aml oherwydd ffactorau emosiynol. Mae menywod yn fwy tebygol o'u datblygu, yn enwedig pan maen nhw'n ifanc, ond gall bechgyn a dynion eu datblygu hefyd.

Os wyt ti'n dioddef o anhwylder bwyta, siarada efo dy ddoctor yn syth i gael triniaeth berthnasol.

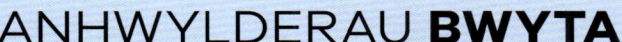

Y rhai mwyaf cyffredin yw:

ANHWYLDER DYSMORFFIA'R CORFF

Mae pobl sy'n dioddef o ddysmorffia'r corff (neu *body dysmorphia*) yn meddwl eu bod yn gweld gwendidau yn eu cyrff sy'n anweledig i bawb arall. Gall bobl ddechrau credu eu bod nhw'n hyll, dros bwysau, neu'n annheilwng o gariad.

Mae hyn yn wahanol iawn i fod yn *vain* ac mae'n gallu cael effaith negyddol ar fywyd pob dydd. Mewn achosion eithafol, gall yr unigolyn benderfynu peidio gadael y tŷ.

ANORECSIA

Mae anorecsia, neu *anorexia nervosa*, yn gyflwr ble mae'r unigolyn yn rhwystro eu hunain rhag bwyta, neu'n rheoli'r hyn maen nhw'n ei fwyta ac yn yfed i'r eithaf. Mae'n bosib y byddan nhw'n gwneud ymarfer corff yn aml hefyd er mwyn colli pwysau. Mae rhai yn gwrthod bwyta rhai bwydydd penodol, ac yn cymryd lacsatif i gadw eu pwysau'n beryglus o isel. Oherwydd nad ydyn nhw'n gweld eu corff drwy lens iach, maen nhw'n credu eu bod nhw dros bwysau hyd yn oed pan maen nhw'n llwgu eu hunain.

BWLIMIA

Bwlimia, neu *bulimia nervosa*, yw'r cyflwr ble mae unigolyn yn bwyta lot o fwyd – neu'n *binge*-fwyta. Yna, er mwyn cael gwared ohono cyn rhoi pwysau 'mlaen, maen nhw'n gwneud eu hunain yn sâl neu'n cymryd lacsatif neu foddion diwretig. Weithiau bydd pobl â bulimia yn ymprydio (peidio bwyta am gyfnod penodol o amser) neu'n gorymarfer corff i wneud yn siŵr nad ydynt yn rhoi pwysa 'mlaen ar ôl bwyta.

GORFWYTA MEWN PYLIAU

Mae pobl sy'n dioddef o orfwyta mewn pyliau (*binge-eating disorder*, neu BED) yn colli rheolaeth llwyr dros yr hyn maen nhw'n ei fwyta. Maen nhw'n bwyta lot fawr o fwyd mewn cyfnod byr o amser, ac yn methu stopio eu hunain. Yn wahanol i bobl â bwlimia, dydyn nhw ddim yn gwneud eu hunain yn sâl ar ôl bwyta, ond weithiau fe fyddan nhw'n ceisio rheoli'r hyn maen nhw'n ei fwyta rhwng binjo er mwyn rheoli eu pwysau. Mae binge-fwyta yn aml wedi ei achosi gan deimladau o euogrwydd neu gywilydd.

Glywist ti'r stori am y bochdew'n rhoi blowjob?
OTIS

DWYT TI DDIM **AR BEN DY HUN**

Os wyt ti'n dioddef o unrhyw broblem iechyd meddwl, dweud wrth rywun. Does dim rhaid i ti ddelio efo hyn i gyd ar ben dy hun. Gofyn i ffrind neu aelod o'r teulu am help, neu siarada â gweithiwr iechyd proffesiynol – mae help yma i ti, dim ond i ti ofyn amdano.

BYDD FEL **OLA!**

Dyw pawb ddim yn gyfforddus yn eu croen eu hunain, ond mae Ola. Mae hi'n nabod ei hun, a dyw hi byth yn cwestiynu ei hunaniaeth.

O'r dillad cŵl (yn enwedig ei sanau!) i'r ffordd mae hi'n siarad efo pobl, dyw hi byth yn teimlo'r angen i fod yn rhywun arall er mwyn creu argraff dda. Does ganddi ddim ofn codi ei llais a sefyll dros ei chredoau, ac mae'n amhosib peidio hoffi Ola. Felly sut mae bod mwy fel hi?

1
Dweud dy ddweud, yn y ffordd iawn

Mae Ola'n wych am ddweud ei barn heb weiddi na stampio ei thraed. Os wyt ti eisiau i bobl barchu dy farn, mae'n bwysig siarad mewn ffordd gryf ond pwyllog.

2
Paid â bod ofn dy deimladau

Ydi, mae hi'n gwylltio efo Otis a'i thad weithiau, ond dyw hi byth yn ymddiheuro am ddangos emosiwn. Mae hi'n derbyn ei holl deimladau, ac yn gwybod bod eu dangos yn beth iach.

3
Agor dy feddwl

Roedd pawb yn meddwl bod Adam yn anobeithiol, a dim ond Ola wnaeth gymryd yr amser i ddod i'w nabod. Ar ôl chwilio tu hwnt i'r wyneb, fe wnaeth y ddau ddod o hyd i ffrind ffab. Mi fyddai pawb yn gallu dysgu tipyn gan Ola.

4

Paid trio'n rhy galed

Dyw Ola ddim yn poeni am fod yn ffrindiau efo'r criw poblogaidd. Mae hi'n hyderus ynddi hi ei hun, a dyw hi ddim yn newid i neb. Os ydi pobl yn licio hi, grêt. Ond os ddim? O WEL!

5

Bydd yn onest

Dyw Ola byth yn cuddio pwy ydi hi, na'n ceisio newid ar gyfer pobl eraill. Mae hi'n codi bob bore ac yn byw ei bywyd yn onest, fel hi ei hun. Mae hi'n Ola, DRWYDDI DRAW.

11

TI'N GWNEUD I FI DEIMLO'N HAPUS
TI I'W WELD YN EITHA HAPUS DY HUN

Am braf fyddai gallu prynu tabledi hapusrwydd yn y siop, i gael gwared â'n holl broblemau a gwneud i ni wenu 24/7. Ond dydi bywyd ddim mor hawdd â hynny. Neu mi fyddai perchennog y siop tabledi yn gyfoethog, ac yn hapus iawn.

Does dim un ffordd o fyw ein bywydau. Mae'n llawn bryniau a phantiau, problemau a phartïon. Weithiau mae popeth yn teimlo'n ocê, dro arall mae'n anodd codi o'r gwely. Y cwbl fedrwn ni ei wneud yw ein gorau, dysgu o'n camgymeriadau a'n profiadau ar hyd y ffordd a cheisio dod o hyd i hapusrwydd.

Y BRYNIAU **A'R PANTIAU**

Dychmyga fyd lle mae pawb yn cerdded o gwmpas yn teimlo'n hapus bob amser – am hyfryd! Ond mae hyd yn oed pobl bositif fel Aimee, neu bobl glên fel Otis, yn teimlo'n bryderus neu'n drist weithiau. Mae un sylw bach, neu un rhiant heriol (haia Adam) yn gallu chwalu dy hunanhyder yn llwyr.

Mae bywyd fel un gêm hir o

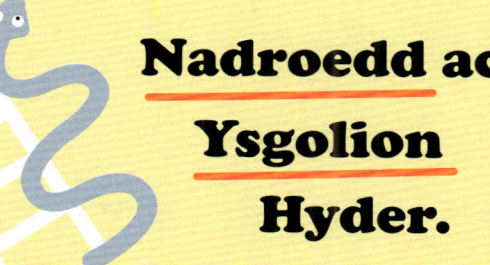

Nadroedd ac Ysgolion Hyder.

Un munud ti'n dringo'r ysgol i Ddinas Hapusrwydd, munud nesaf ti'n llithro lawr y neidr ac yn glanio ar dy din.

Mae rhywbeth bach yn poeni pawb o hyd, o ambell fore drwg, i broblemau iechyd meddwl mwy difrifol fel ym mhennod deg. Mae rhai yn wynebu mwy o rwystrau a heriau nag eraill, ac mae pawb yn teimlo'n unig, yn flin neu wedi diflasu weithiau. Pobl ydyn ni, ac mae'n amhosib bod yn hapus bob awr o'r dydd.

Mae'n anodd teimlo'n llawn hyder pan mae'r byd yn dy erbyn. Weithiau mae angen gwneud ymdrech i deimlo'n hapus, a chwilio am y sleisen fach o heulwen rhwng y cymylau.

Felly dyma ddeg tip i ti ddod o hyd i hapusrwydd:

1 SYLWADAU DY FFRINDIAU A THEULU SY'N BWYSIG – NEB ARALL

Rhywun wedi gadael sylw cas ar dy post diweddaraf, a ti'n teimlo fel crio a methu deall pam? Mae sylwadau cas yn gallu dinistrio dy ddiwrnod, dy wythnos, neu dy fis, a fel arfer, does dim rheswm pam eu bod nhw wedi gwneud y fath beth. Ond cyn i ti ddechrau cwestiynu dy ddillad/gwallt/ffordd o fyw, cysidra hyn. Falle bod yr unigolyn yma'n cael diwrnod crap, yn genfigennus ohonot ti, neu'n mynd drwy boen eu hunain.

Yr unig sylwadau sy'n bwysig yw'r rhai gan dy ffrindiau a theulu – y bobl sy'n dy nabod di'n iawn. Ac os oes rhywun yn bod yn gas, wel mcen nhw'n swnio fel dick beth bynnag, felly pa ots be maen nhw'n feddwl!

PAID BOD YN DICK

2 DIM MWY O GYMHARU

Mae'n hawdd edrych ar fywydau bobl eraill, a theimlo'n genfigennus o'u eu bywydau nhw. Ond os wyt ti'n cymharu dy hun ag eraill fyth a beunydd, fydd gen ti ddim amser ar ôl i fod yn hapus.

Mae pawb yn euog o hyn. Hyd yn oed y selebs mwyaf yn y byd. Maen nhw'n cymharu eu hunain â'r selebs eraill ac yn crio o dan eu blancedi Louis Vuitton pan mae rhywun yn cael rôl well mewn ffilm. Ond rwyt ti'n ddigon, jest fel wyt ti. Dwyt ti ddim angen newid na bod fel pobl eraill. Rwyt ti'n berffaith yn barod.

3 PAID COELIO'R FFILTERS

'Dan ni gyd yn gwybod bod y cyfryngau cymdeithasol ddim yn realistig. Gofyn i ti dy hun pam fod pobl yn teimlo'r argen i rannu'r ddelwedd berffaith ar Instagram bob amser, ac ydi eu bywydau yn berffaith tu ôl i'r sgrin?

Mae'n hawdd teimlo'n annigonol wrth sgrolio dy ffôn, ond y gwir yw

mai uchafbwyntiau eu dydd ti'n eu gweld. Does neb yn uwchlwytho lluniau ohonyn nhw a'u mam yn ffraeo achos bod nhw heb olchi'r llestri.

Dim bwys faint o ddilynwyr sydd ganddyn nhw, maen nhw'n dal i ddelio efo realiti bywyd jest fel ni. Mae eu hanifeiliaid anwes yn marw, cariadon yn gwahanu, ffrindiau yn symud i ffwrdd, ac mae eu hoff drainers yn gwerthu allan cyn iddyn nhw lwyddo i'w prynu.

COFIA AROS MEWN CYSWLLT

Mae ymchwil gan bobl glyfar yn dangos bod cyswllt cyson, wyneb yn wyneb efo ffrindiau a theulu yn codi dy ysbryd ac yn gwneud i ti deimlo'n well. Dyw unigrwydd ddim yn ffrind i ti ac mae bod o amgylch y bobl *iawn* yn gallu dy roi mewn hwyliau da.

Ac ocê, weithiau mi fyddi di eisiau cuddio dan y flanced a gwylio *boxset*, a bwyta lot o snacs. Ond ddim am byth. Os wyt ti'n dechrau ffeindio hen friwsion yn dy wely, mae'n amser codi ac ailymuno efo'r byd. Ac mae'n syniad cael sgwrs efo person go iawn, yn hytrach na dy deledu.

5 DEUD WRTH Y LLAIS MEWNOL 'NA AM FYND I GRAFU

Ti'n gwbod y llais 'na sydd wastad yn deud nad wyt ti'n ddigon da? Yr un cas, sy'n trio dy roi i lawr bob amser? Dyna dy *alter-ego*, ac maen nhw'n hen ddiawl bach. Yn anffodus, dyw'r llais ddim yn diflannu heb ymdrech felly mae'n rhaid i ti ddechrau ei herio. Un ffordd o wneud hyn yw dweud wrth y llais am fynd i grafu bob tro fydd o'n dweud rhywbeth cas.

> Hei, ti'n edrych yn crap heddiw. A mae gen ti sbot ar dy dalcen! Wnest ti ddeud rhywbeth gwirion pan wnest ti weld James bore 'ma, mae o'n mynd i feddwl bo' ti'n *weirdo*.

> Cau di dy geg.

Mae'n swnio'n syml, ond tria fo cwpwl o weithiau ac fe ddaw i deimlo'n naturiol. Rho lai a llai o le i'r llais yn dy ben, ac fe fydd yn siŵr o ddiflannu.

Mae'n amser

deud 'na' wrth y llais negyddol 'na

6 GWNA RYWBETH NEIS I ERAILL

Pan ti'n teimlo'n isel, mae'n anodd gweld y goleuni. Ond mae gwneud rhywbeth neis i berson arall yn gallu dy dynnu o'r tywyllwch.

Hyd yn oed os ydi o'n rywbeth bach, fel ffonio dy fêt sy'n cael amser caled efo'u cariad a gwrando ar eu problemau.

Mae'n hawdd teimlo'n sori dros dy hun mewn cyfnod isel, ac anghofio am eraill heb hyd yn oed sylwi. Mae meddwl am eraill yn gallu helpu drwy roi cyfle i ti weld y darlun llawn. Does dim rhaid i ti ddechrau aros ar y palmant yn disgwyl am hen fenyw i'w helpu i groesi'r ffordd. Falle jest dweud diolch wrth dy rieni am wneud swper i ti heno (hyd yn oed os oedd y moron braidd yn feddal).

7   DOES DIM ANGEN FFRINDIAU RYBISH

Os oes gen ti ffrindiau negyddol, mi fyddi di'n teimlo'n well hebddyn nhw. Waw, am syniad chwyldroadol ynde!

Y peth cleniaf i'w wneud yw cael gwared o'r cyfeillion tocsic sy'n dy dynnu i lawr. Beth yw'r pwrpas dysgu i garu dy hun drwy feddwl yn positif, os yw dy ffrindiau'n gallu dinistrio'r holl waith caled gyda'u sylwadau negyddol?

Mae'n anodd gadael fynd, yn enwedig os dach chi wedi bod yn ffrindiau am sbel go hir. Ond os wyt ti wedi rhoi'r cyfle iddyn nhw foc yn ffrind gwell ac maen nhw'n gwrthod newid? Wel, hwyl fawr ffrind. Darllena bennod un eto i ddysgu be sy'n gwneud ffrind da neu ddrwg.

Fyddet ti'n rhoi'r poster yma ar dy wal?

TI DDIM DIGON DA, BTW

Na fyddet! Felly pam cadw ffrind sy'n dweud yr un peth?

8 EFF OFF, FOMO

Heb dderbyn gwahoddiad i'r sinema ac yn teimlo'n drist? Mi fydd 'nc wastad rywbeth arall yn mynd ymlaen, ac mae'n rhaid i ti ddweud EFF OFF wrth FOMO. Does gen ti ddim yr amser i fynd i boc un digwyddiad cymdeithasol, felly dweud helô wrth JOMO – *Joy Of Missing Out!*

Mae'n berffaith iawn dweud na os nad wyt ti eisiau mynd allan. Mi fydd 'na ragor o gemau pêl-droed neu bartis rownd y gornel. Felly os fyddai'n well gen ti aros adre a gwylio Netflix efo'r ci, gwna hynny! Dim bwys os yw pawb arall yn mynd i'r parti, gwna be sy'n dy wneud di'n hapus.

BE SY'N DY WNEUD DI'N ARBENNIG?

Stopia boeni am yr hyn ti'n methu ei wneud, a dechrau canolbwyntio ar yr hyn sy'n dy wneud di'n arbennig. Mae gan bawb sgil sy'n eu gwneud nhw'n unigryw.

Falle dy fod ti'n genfigennus bod dy ffrind yn athletwr da tra dy fod ti'n methu rhedeg heb faglu. Ond falle eu bod nhw'n dyheu am fod yn debycach i ti am dy fod ti'n wrandäwr da, neu'n gwneud i eraill chwerthin.

Mae pawb yn dda am rywbeth. Beth am sgwennu rhestr ar dy ffôn o'r holl bethau ti'n dda am eu gwneud, fel dy fod ti'n gallu edrych arni pan ti'n teimlo'n drist? A gad dy genfigen wrth y drws.

> *Pan 'dan ni'n dysgu sgil newydd, weithiau 'dan ni'n teimlo'n frau.*
> **OTIS**

 **DYSGA DDISGLEIRIO**

Mae hyn yn swnio'n lot rhy syml, ond wir yr, dysga be sy'n gwneud i ti deimlo'n hapus, ac mi fyddi di'n hapus. Mae Adam yn hoffi hyfforddi cŵn, a Lily'n hoffi sgwennu straeon am *porno-aliens*. Ac mae Maeve yn hoffi darllen llyfrau'n cynnwys cymeriadau benywaidd cryf.

Ydi, mae gorwedd yn yr ardd yn bwyta caws ar dost yn neis, ond fedri di ddim gwneud hynny bob dydd (yn enwedig ddim yn y glaw), felly tyrd o hyd i'r hyn sy'n tanio dy ddychymyg. Os nad wyt ti wedi dod o hyd iddo eto, arbrofa efo ambell sgil newydd. Mae 'na lwyth o wersi neu grwpiau ar-lein i dy ddysgu am bob math o bethau, neu ymuna â chlwb newydd yn yr ysgol. Ac os nad wyt ti'n ffan, dim ots! Rwyt ti wedi cael profiad newydd, a falle gei di ffrind newydd hefyd.

Y clwb nofio oedd fy unig ddiddordeb am flynyddoedd. Ond breuddwyd Mam oedd nofio, nid fy un i. Ro'n i isio trio actio. Iawn, doedd fersiwn Lily o Romeo a Juliet ddim cweit be o'n i'n disgwyl, ond dwi'n teimlo'n hapus yn gwneud yr hyn dwi'n ei garu.
JACKSON

Paid brifo wrth godi pwysau yn y gym fel Jackson jest er mwyn cael trio rhywbeth newydd, cofia. O sgwennu cerddi fel Rahim, i beintio fel Isaac, neu greu comics erotig am y bydysawd fel Lily, mae cymaint o bethau i'w darganfod yn y byd. Dos amdani, y seren fach, a...

dysga ddisgleirio!

GWELD Y BYD MEWN **LLIW**

Mae bywyd fel un jig-so mawr, ac weithiau mae'n teimlo fel bod rhai o'r darnau ar goll. Ond pa ots lle wyt ti arni, cofia dy fod ti'n unigryw.

Mae pawb yn gwneud eu gorau yn yr hen fyd 'ma, ac mae camgymeriadau'n rhan o'r daith. Ond os wyt ti'n rhoi dy hun yng nghanol y rheiny sy'n dy garu, byw dy fywyd yn onest, a thrin eraill efo parch, rwyt ti hanner ffordd yna. Mae gweddill dy fywyd di'n argoeli'n reit dda.

FFILMIO YNG NGHYMRU

Mae nifer o olygfeydd y gyfres wedi eu ffilmio ar leoliad yma yng Nghymru gan ddangos Dyffryn Gwy, Ardal o Harddwch Naturiol Eithriadol, ar ei orau, yn ogystal â lleoliadau eraill ar hyd De Cymru. Mae tôn, pryd a gwedd y sioe yn cael ei ddisgrifio fel lled-Atlantaidd, felly does dim rhyfedd bod y lleoliadau hyn wedi eu dewis ar gyfer un o gyfresi mwyaf poblogaidd Netflix.

YSGOL FILWROL ADAM
Castell Margam, Port Talbot

Mae Port Talbot yn dref ddiwydiannol gyda phorth. Mae gwaith dur y dref ymysg y mwyaf yn y DU.

"Mae Cymru'n hyfryd. Roedd y golygfeydd o'r Afon Gwy a'r holl leoliadau anhygoel yn mynd â fy anadl i. Mae pob man yng Nghymru mor wananol, sydd mor cŵl i'w weld. A'r harddwch heb ei gyffwrdd."

EMMA MACKEY (MAEVE)

BOWLIO DEG
Rhondda Bowl, Tonyrefail

Mae Tonyrefail yn un o bentrefi traddodiadol y Cymoedd, ger tarddiad Afon Elái

Y FFAIR
Caeau Vauxhall, Trefynwy

Mae Trefynwy'n dref dawel, prin 2 filltir o'r ffin â Lloegr.

CAERDYDD
Prifddinas Cymru

NEUADD YSGOL MOORDALE
Ystafelloedd Paget, Penarth

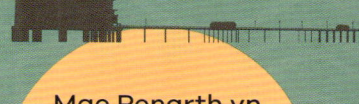

Mae Penarth yn dref drwsiadus gyda phier o oes Fictoria, a marina gyfoes.

Pentre bychan yn Sir Fynwy yw Llaneuddogwy, ar ochr un o'r bryniau hardd.

BROWNS – SIOP Y PENTRE
Llaneuddogwy, Sir Fynwy

Mae Cwmbran yn dref brysur gafodd ei sefydlu yn y 1950au oherwydd y diwydiant glo lleol.

Y TRAC RHEDEG
Stadiwm Cwmbran

Tref hanesyddol yw Caerllion, sy'n adnabyddus am olion amffitheatr a safle Rhufeinig, a bryngaer o Oes yr Haearn.

YSGOL MOORDALE
Campws Caerllion Prifysgol De Cymru

Mae Symonds Yat yn le poblogaidd i dwristiaid, wedi ei leoli bob ochr i Afon Gwy.

TŶ OTIS
Y Chalet, Symonds Yat, Dyffryn Gwy

Pentref bach yn Sir Fynwy yw Tyndyrn, sy'n enwog am yr Abaty Sistersaidd.

Y BONT
Hen bont y dramffordd, Tyndyrn

Casnewydd yw trydedd dinas fwyaf Cymru, 12 milltir i'r gogledd-ddwyrain o Gaerdydd.

Y PWLL NOFIO
Pentref Chwaraeon Rhyngwladol Casnewydd

ADNODDAU

SAMARIAID CYMRU www.samaritans.org/cymru/samaritans-cymru

MIND CYMRU www.mind.org.uk/cy/mind-cymru/

MEDDWL www.meddwl.org

CYMRU CHWAREUS www.cymruchwareus.org

STONEWALL CYMRU www.stonewallcymru.org.uk

MEIC CYMRU www.meiccymru.org

CALM www.thecalmzone.net

PAPYRUS www.papyrus-uk.org

YOUNG MINDS www.youngminds.org.uk

HEADS TOGETHER www.headstogether.org.uk

BEAT EATING DISORDERS www.beateatingdisorders.org.uk

YOUTHLINE www.youthlineuk.com

REVENGE PORN HELPLINE www.revengepornhelpline.org.uk

MERMAIDS www.mermaidsuk.org.uk

BRITISH PREGNANCY ADVISORY SERVICE www.bpas.org

NATIONAL UNPLANNED PREGNANCY ADVISORY SERVICE www.nupas.co.uk

MSI REPRODUCTIVE CHOICES UK www.msichoices.org.uk

YOUNG STONEWALL www.youngstonewall.org.uk

BROOK www.brook.org.uk

WOMEN'S AID www.womensaid.org.uk

THE SURVIVORS TRUST www.thesurvivorstrust.org

SURVIVORS UK www.survivorsuk.org

RAPE CRISIS www.rapecrisis.org.uk